JN410234

정나미

八音 김미숙 수필집

정나미

인쇄| 2007년 12월 15일
발행| 2007년 12월 20일

글쓴이|김미숙
펴낸이|장호병
펴낸곳|북랜드
110-999 서울 종로구 신문로1가 오피시아 1406호
대표전화 (02) 732-4574 | (053) 252-9114
팩시밀리 (02) 734-4574 | (053) 252-9334

등록일| 1999년 11월 11일
등록번호| 제13-615호
홈페이지| www.bookland.co.kr
이-메일| bookland@hanmail.net

편집주간| 곽흥렬
책임편집| 김인옥
영 업| 최성진

ISBN 89-7787-449-7 03810

값 9,000 원

정 나 미

| 八音 김미숙 수필집 |

북랜드

책머리에

가슴이 두근거립니다.

'문학을 사랑하고 글쓰기를 좋아한다.'는 명분을 앞세워 욕심을 부리고 있는 것은 아닌지. 마음에 욕심을 담으면 응당 고통이 따르기 마련입니다.

겨울은 마지막이 아니라 내일을 위한 시작이라 했습니다. 봄에 꽃을 피울 꽃나무는 봄에 그 꽃을 준비하지 않듯, 결실을 맺기 위해 오래전부터 힘들게 준비하였습니다.

세상은 늘 준비하는 생명체의 몫이라 믿고 살고 있습니다. 각자 주어진 자리에서 자신의 미래를 묵묵히 준비하며 열심히 살아가는 사람들이 있기에 삶은 아름다운 것 아닐까요.

우리 이웃의 다양한 이야기와 보통 사람으로서 살아가는 이야기를 풀어 엮어 봅니다. 평범한 삶을 산다는 것이 결코 쉽지 않다는 것을 날마다 느끼며, 주변에 존재하는 모든 것이 소중하기에 매순간 감사하는 마음으로 살아갑니다.

작은 마음 씀씀이 하나로 희망의 불씨가 되길 바라며, 그동안 남달리 애정을 쏟았던 글을 묶어 가슴 졸이며 독자의 곁으로 보냅니다. 조금 욕심을 내어 바라는 것이 있다면 수필문학을 아끼고 좋아하는 분들에게 오래도록 사랑 받는 것입니다.

부족한 글을 한 권의 수필집으로 내놓을 수 있도록 도와주신 여러 선배님과 곁에서 힘을 준 가족에게 고마움을 전합니다. 부지런한 물방아처럼 더욱 정진하도록 하겠습니다. 여러분, 사랑합니다.

2007년 가을, 팔음글방에서

金 美 淑

차례

제2부_아욱국

차례

제3부_종이 백합

제4부_눈물과 웃음

차례

제5부_마법사가 되고픈 소망

제1부_내 마음의 풍향계

| 네 잎 클로버 | 내 마음의 풍향계 | 정나미 | 행복 | 밥 | 터 | 세대 차이
| 어우동과 플레이보이 | 안경 | 열쇠 | 금강산 | 마음의 습관

네 잎 클로버

이른 봄, 경산의 '삼정지' 둑에서 어린 토끼풀을 한 움큼 캤다. 그동안 아무것도 품지 않고 비어 있던 화분에 토끼풀을 심어놓고 매일같이 물을 주었다. 처음부터 햇볕에 내놓으면 금세 시들어 버릴까 싶어 그늘에 두고 지켜보았다.

차츰 시간이 지나자 녀석의 몸에 생기가 올라붙었다. 머잖아 순결한 백색의 꽃이 필 것을 기대하며 지냈다. 앙증맞고 사랑스러운 토끼풀을 바라볼 때마다 행운이 찾아올 것 같은 생각이 들어 기분이 맑아 왔다.

토끼풀은 보통 세 잎이 많다. 그러나 종종 행운을 가져다준다는 네 잎이 있어 사람들은 그것을 찾느라 혈안이 되기도 한다. 정말로 네 잎 클로버를 찾으면 행운을 가져다주는 것일까.

네 잎 클로버를 찾는 이유는 희소가치 때문이다. 희소성은 수요에 비하여 공급이 부족하기 때문에 생기는 것이다. 다이아몬드가 비싼 것도 희소성 때문이다. 그러나 효용성으로 따지면 차돌이 오히려 더 가치가 있다고 본다. 석영을 중심으로 반도체의 핵심소재가 되는 까닭이다. 지구가 소중한 것도 하나뿐인 아름다운 별이기 때문이고, 내 몸이 귀한 이유도 이 세상에 하나밖에 없기 때문이다.

쓸데없는 소리 같지만 <변강쇠>나 <어우동> 같은 영화도 희소하니까 인기가 있었으리라. 따라서 나의 수필 쓰기는 희소가치가 있는 'only one'의 작품을 창작하기 위한 열렬한 고백의 작업이다. 결코 쉽지 않은 고된 노동이다. 내 영혼은 고독한 옹달샘이다. 스스로 정화하지 않으면 썩어 버리고 마는 생명수 같은 존재이다. 세속에 찌든 내 몸속에 수정같이 맑고 깨끗한 물을 담기 위해 많이 읽고, 독자들이 두 눈을 벌겋게 뜨고 찾도록 희소성 있는 작품을 창작하는 일을 게을리 할 수 없다. 이는 내게 내려진 업보인지도 모를 일이다. 어쩌면 정신적 수양을 하지 않으면 안 되는 이 길이 행운의 길인지도 모른다.

나폴레옹은 알프스를 넘다가 행운의 네 잎 클로버를 만났다. 네 잎 클로버는 나폴레옹이 전쟁 때 적에게 쫓기고 있는 상황에서 네 잎 클로버를 보려고 고개를 숙이는 순간 적이 쏜 총알이 비켜 갔고 이로 인해 행운을 뜻하게 되었다. 그러나 사실 네 잎 클로버는 세 잎 클로버의 돌연변이종이고 찾기도 힘들다. 물론 다섯 잎, 여섯 잎도 마찬가지이다. 그런데 세 잎 클로버는 일상에서의 행복을 뜻한다. 사람들은 매일 경험하는 행복은 모르는 채 네 잎 클로버와 같은 행운이 자기에게 찾아오길 바란다. 하지만 행운이란 막연히 기다린다고 해서 오는 것이 아니고, 주어진 삶에 최선을 다해 살아가는 동안 새벽처럼 서서히 다가오는 것이 아닐까 싶다.

더 이상 네 잎 클로버를 찾는 일에 시간을 소비하지 않으리라. 이미 나는 행운을 맞이했고, 수필 쓰는 작업을 하고 있기 때문이다. 이것이 행복이 아니고 무엇이랴. 날마다 나의 정성과 사랑으로 토끼풀같이 자라난 수필이 어느 날 하얗고 탐스러운 꽃을 피우리라.

여왕의 계절, 어느새 화분 속 토끼풀은 놀랍게도 분홍빛 꽃을 피워 하늘 향해 손짓하고 있다. 나는 그만 부끄러워 웃는다.

■ 대구수필가협회 연간집 《대구의 수필》 2005. 창간호

내 마음의 풍향계

따뜻한 방바닥에 누웠다. 말라버린 깊은 우물을 들여다보듯 공허함이 가슴에 비집고 들어와 앉는다. 하루를 마감하는 시점에서 나를 돌아본다. 유리창에 채색된 밤의 정경을 응시한 채 내 시선은 머물러 있다. 뇌리에는 온종일 삶의 쳇바퀴를 따라 헉헉 달려온 모습이 필름처럼 스친다. 소용돌이쳤던 나의 하루가 단편 드라마로 막을 내리려고 한다.

오늘 하루도 나는 수많은 사건들의 연속 속에서 연습 한 번 해보지도 못하고 연극을 했다. 배우는 한 편의 작품을 위하여 같은 동작을 무수히 반복해서 연습한다. 연습을 한 만큼 좋은 결과를 얻는 것이 아닐까 생각한다. 그런데 나의 일상은 똑같은 날이 하루도 없다. '다람쥐 쳇바퀴처럼 돌고 도는 인생'이라고들 말하지만 사실은 어느 하루도 똑같이 행한 날은 없었다. 비슷한 날은 더러 있었지만 똑같이 산 날은 없었다고 생각한다.

나긋나긋한 실바람이 창틈으로 들어온 성싶다. 천장에 매달린 모빌이 아주 천천히 움직인다. 폐품을 이용하여 만든 제궁 빛깔의 모빌이다. 두루마리 휴지 심을 모아 색종이를 풀칠해 놓았다. 모빌은 바람 따라 시계 반대 방향으로 천천히 공전을 한다. 한참을 바라보니 이쪽에 있던 네 개의 깡통이 반대편 깡통과 부딪쳐 시계 방향으로 되돌아오고 있다. 기억의 편린들이 과거의 공간미로空間迷路 속으로 끝없이 달려가다가 '쿵' 하고 바람과 마주쳐서 되돌아오는 듯하다.

밤 열두 시! 주위는 적막하다. 모두가 잠든 한밤에 사색의 늪에 잠긴 내 모습이 우습다. 내일은 또 어떤 모습으로 세상에 서게 될까? 분주한 아침을 보내고 나면 점심이 코앞에 다가선다. 나의 하루는 미풍에 간들거리기도 했고 강풍으로 인해 꺾이기도 했다. 때로 태풍이 불던 날은 모빌이 서로 엉키고 뒤틀리듯 내 삶이 송두리째 미궁 속으로 빠져들었다. 헤쳐 나오기에는 버거운 날도 무척 많았다. 자연이 주는 바람에 따라서 고요한 모습으로 지내다가 거센 풍랑에 휩쓸려 사나운 모습으로 출렁거리기도 했다.

봄이라 말하지만 아직 바깥바람은 차게 느껴진다. 창 밖에서 플래카드가 펄렁거리는 소리가 들려온다. 방은 아주 따뜻하건만 모빌은 여전히 쉬지 않고 공전의 방향을 수시로 바꾸어 가면서 회전하고 있다. 모빌이 돌지 않고 멈춘다는 것은 바람 한 점 없다는 의미일 게다.

또다시 깊은 상념에 휩싸인다. 나의 사색의 뜨락은 글을 쓰면서 시작되었다. 내 뜨락에 불어오는 바람이 부드러운 날에는 나의 삶이 온화함을 느낀다. 그러나 성난 파도처럼 굽이칠 때는 격함으로 인해 감성이 메마르고 심성이 흐트러져 삶에 훈기가 없음을 안다. 그 때마다 내 마음의 풍향계는 어느 곳도 가리키지 못하고 끝없이 소용돌이친다. 그렇지만 햇살이 가득한 날을 소망하면서 내 마음의 풍향계는 애면글면 감수甘受하리라 믿는다.

모빌이 아주 고요하게 움직이고 있다. '후우' 하고 입김으로 변화를 주었더니, 좀 더 활기찬 모습으로 빠르게 공전을 하고 있다. 별빛 내려앉은 이 밤에 내 마음의 풍향계를 돌려 줄 준절峻節한 휘파람 소리가 또다시 그립다.

■ 수필사랑 동인지 제5집 《바람꽃》 2004.

정나미*

1.

'나미'가 죽어가고 있다. 주둥이와 네 발이 연보라 빛을 띠다가 차츰 푸르게 변하고 있다. 겨우 한 달 하고 보름 지난 어린 것이 철창 속의 어미 곁에서 사지가 늘어진 채 드러누워 있다. 눈을 감고 숨을 할딱이고 있는데 나는 가슴이 멍멍하여 어찌해야 좋을지 모르겠다. 싸늘하게 식어가는 어린 나미를 지켜보며 애를 태우고 있으려니 제 어미인 '난희'가 원망의 눈초리로 나를 바라본다. 말 못하는 짐승이라고는 하지만 제 새끼가 죽어가고 있는데 그 심정이 여북할까. 비통한 마음에 난희의 눈에도 이슬이 그렁그렁 고여 있다. 나는 이 모든 것이 내 탓인 것만 같아 죄책감이 든다. 이제 더 이상 어쩔 수 없는 지경에 이르렀으니 남편에게 사실을 알리는 수밖에 없다.

나미가 태어나던 지난 봄, 우리 부부와 두 아들은 난생 처음 밤늦도록 산파 역할을 했고, 탄생의 경이로움을 지켜보면서 생명의 소중함을 느꼈다. 새끼를 낳느라 고통스러워하던 난희를 번갈아가며 보듬어 안고 쓰다듬어 용기를 주던 일이 뇌리를 스친다. 그날 밤, 본능적으로 행동하는 모성의 숭고함을 보았다. 새끼가 온몸에 뒤집어쓰고 나온 우윳빛의 두툼한 막을 벗겨 단숨에 삼켜버리던 모습, 자기 스스로 탯줄을 입으로 자르고 나서 새끼의 온몸을 열심히 핥아주던 모습이 아롱진다. 붕어빵 크기의 작은 '생명꽃'을 내 손에 안았을 때의 그 촉촉하고 미진한 체온은 머리끝이 쭈뼛 곤두서는 긴장마저 맛볼 수가 있었다.

그런데, 이렇게 빨리 생명의 끈을 놓으리라고는 꿈에도 생각하지 못했다. 남편은 내버려두고라도 아이들에게 어떻게 설명을 해야 할까. 정이 많고 눈물도 흔한 막내에게 또 무어라고 위로를 해야 할까. 그저 이 막막하고 아득한 어둠의 터널을 빨리 벗어나고 싶을 뿐이다. 또한, 내 말을 듣지 않고 줄기차게 개를 데리고 오는 남편이 그저 원망스럽고 야속하다. 나는 정말로 개를 키우는 것이 달갑지 않다. 개를 싫어하는 게 아니라 도심 속에서 키울 여건이 안 된다는 이야기다. 그래서 동물을 키우는 일이 진저리가 날 지경이다. 남편과 아이들은 개를 데리고 놀기만 좋아했지, 자질구레한 뒷감당은 모두 내 차지다. 불쌍하게 꺼져가는 어린 생명은 이미 수의사가 두 손을 들었기에 나로서도 어쩔 수가 없다. 모든 게 팔자이려니, 운명이려니 생각하고 나부터 마음을 추스를 수밖에. 남편이 한 번만 더 개를 데리고 오면 나는 같이 안 살겠다고 엄포를 놓을 생각이다.

2.

손전화가 울린다. 아내가 다급하게 말을 한다. "여보, 어젯밤까지도 괜찮았는데 나미가 아무래도 죽을 것만 같아. 어떡해?" 아내의 떨리는 목소리는 나미에 대한 안타까운 심정과 나에 대한 원망의 마음이 절묘하게 뒤섞여 귓전을 두드린다. '아, 결국 이렇게 보내고야 마는 것인가. 불쌍한 녀석…….' 나는 만사 제쳐 놓고 운전대를 집으로 돌린다. 나미를 빨리 보고 싶다. 나미를 이렇게 떠나보내야만 하는 아이들의 얼굴이 떠올라 숨이 멎는다. 머릿속에 온갖 복잡한 상념들이 스친다. 대문을 열고 집 안으로 뛰어든다. 철창 속에서 이미 죽은 채 누워 있는 나미를 꺼내려고 하자, 난희가 으르릉대며 제 새끼를 내어주지 않는다.

난희 모녀를 집째 들어내어 승용차에 싣는다. 죽은 제 새끼를 빼앗기지 않으려고 저토록 용쓰는데 무슨 재간이 있을까. 나 역시 서운한 마음을 금할 길 없지만, 내일부터 장마가 시작된다고 하니 나미의 빈례殯禮를 빨리 끝내야 한다. 풀이 죽은 아내를 한 번 안아주고 나서, 차를 몰아 사무실 근처 공터로 향한다. 자식의 죽음 앞에서 두 눈만 끔뻑이며 식음을 폐하고 있는 녀석을 달래느라 진땀이 난다. 왜, 내가 키우는 개는 한결같이 실패하는지 모를 일이다. 아내의 말마따나 이번이 몇 번째이던가.

내 고객의 차에 깔려 죽은 놈, 쥐약 먹고 죽은 놈, 집 나가서 오리무중인 놈, 도둑맞은 놈……. 나는 왜 개 농사가 안 되는지 알다가도 모르겠으니 답답할 노릇이다. 마당이 있는 집으로 갈 때까지 참아달라던 아내의 말에 어깃장을 놓아서일까. 이기적인 내 욕심 때문에 아내가 두어 번이나 입원을 했었고, 그로 말미암아 우리 모두는 마음에 상처를 또 얼마나 받았던가.

딸자식 같은 나미를 수목장으로 치르고 자리를 떠난다. '불쌍한 난희야, 복福도 지지리도 없구나. 내 어머니처럼 자식을 가슴에 묻어야 하는 비통함을 너는 어이해서 겪고 있느냐. 나미야! 내 아버지와 형님이 가신 피안의 세계에서 평안하기를 바란다.'

3.

난희와 나미마저 사라졌다. 수업이 끝나자마자 한달음에 달려왔는데 아무것도 남아 있지 않다. 가엾게도 나미는 죽었고, 난희는 공기가 맑은 시골로 요양을 갔다고 한다. 딱 한 번만이라도 보았으면 좋겠다. 이틀 전에는 나미의 언니 '곰탱이'가 아빠의 친구집으로 입양 되었다. 나도 난희처럼 한꺼번에 많은 것을 잃게 되었다. 나는 허탈하고 너무 슬퍼서 아무것도 할 수가 없다. 내가 개를 얼마나 좋아하는지 잘 아실 텐데.

나는 '보스턴테리어'에 대하여 좀 안다. 불도그와 불테리어와의 교배종으로, 몸은 검은색과 흰색이 섞여 있는 애완용이다. 눈이 툭 튀어나오고 못생겼지만 그래도 나는 귀엽다. 난희가 강아지 두 마리를 낳았을 때 나는 부자가 된 기분이었다. 그런데 보스턴테리어는 잠시도 가만히 있지 않아서 다루기가 쉽지 않았고, 내가 길들이느라 아주 힘이 들었다. 또, 피부병에 잘 걸리므로 자주 목욕을 시켜야 하고 일광욕도 간혹 해야 한다. 하지만 나는 데리고 노는 것을 더 좋아했다. 결국 난희가 피부병에 걸려서 엄청 고생한 것에 대하여 미안하게 생각한다. 초기에 잘 치료했더라면 나았을 텐데. 우리 가족은 모두 바빴고, 나는 턱없이 모자라는 용돈으로 난희에게 껌조차 사주지 못했다.

그동안 우리 집은 난희 가족을 보려고 몰려온 친구들로 복닥복닥 붐볐고, 친구들은 나를 아주 부러워했다. 저녁이 되어 헤어질 때면 친구들은 더 놀고 싶어 무척 아쉬워했다. 그러나 앞으로는 그럴 수 없게 되었고, 내 친구들도 실망을 할 것 같다.

난희가 처음 우리 집에 오던 날이 생각난다. 학교에서 돌아왔을 때 신기하게 생긴 녀석이 갑자기 달려들어 나는 흠칫 놀랐다. 그렇지만, 나는 우스꽝스럽게 생긴 녀석이 아주 마음에 들었다. 난희와 나는 금세 친해졌다.

난희가 신랑 '폴'을 만나던 날은 몹시 추웠다. 아빠와 나는 인터넷의 '보테 카페'에서 아주 힘들게 난희의 짝을 찾았고, 짝짓기를 하는 동안 난희를 폴에게 맡기고 돌아와야 했다.

낯설어서 그런지 처음에는 난희가 폴의 방에서 뛰쳐나와 농장 주변의 포도밭으로 도망을 갔다. 아빠가 간신히 꼬드겨서 폴의 방에 넣어 주고 왔다. 곰탱이와 나미는 그렇게 해서 태어난 여동생들인데, 지금 내 곁에 아무도 없다.

이제, 나는 더 이상 개를 키우고 싶지 않다. 번번이 속상한 일만 벌어진다. 무엇보다 엄마가 나와 개 때문에 호호 할머니가 되는 것이 싫다. 엄마가 아프지 않고 나하고 오래도록 함께 살았으면 좋겠다. 몹시 피곤해서 곤히 주무시는 엄마의 정수리에는 흰 머리카락 몇 올이 바람에 나풀거린다.

* 정情나미: 어떤 대상에 대하여 애착을 느끼는 마음.

■ 계간 《수필세계》 2005.겨울('07)

행복

행복이란 무엇인가. 아무리 생각해 봐도 내게 있어 행복의 잣대는 가정이다. 물질적 풍요 속에서도 쓸쓸한 거리를 헤매는 사람들이 얼마나 많은 세상인가. 이 시대는 울타리가 무너진 집이 허다하다. 가정을 지키는 여인이 있는 집은 따스한 불빛이 흐른다. 반면 아내와 엄마의 자리를 포기한 곳은 어둠과 냉기만이 자욱하다. 살뜰한 가족과 베푸는 마음, 정성 어린 손길이 있는 울타리는 애써 가꾼 사랑의 결정체이다. 육체와 정신이 건강한 가족 속에 행복이 존재한다. 또, 소박한 삶의 이야기가 묻어나는 둥지에는 언제나 희망과 미소가 피고 있다.

나에게서는 마늘 냄새가 난다.
아이들을 위해,

정성이 깃든
맛있는 반찬 냄새가 온몸에 배어 있다.

나에게서는 비누 향기가 난다.
남편을 위해,
손바닥이 붉도록
와이셔츠 빨아 놓은 향기가 손끝에 젖어 있다.

남편이 미소를 보낸다.
아이들이 함박웃음을 터트린다.
내 몸에 젖은 집안 냄새가
세상 어떤 향기보다도
가장 가슴 뛰게 한다고.

남편이 속삭인다, 내 귓가에
나에게서는 건강한 향기가 전해 온다고
나는 가장 행복한 직업을 가진 주부!
나는 행복하다.
—「행복」 전문

궁궐 같은 집일지라도 여인이 없는 집은 적막강산이다. 찬바람만 휭 돈다. 가정을 지키는 여인은 아름답다. 남편과 아이들의 웃음 속에서 나는 행복함을 느낀다. 좁다란 방에서 지아비가 좋아하는 비지장을 끓여 놓고 마주앉아 아침을 먹고, 아이들을 옆에 끼고 저녁을 먹을 때 나는 행복을 느낀다. 넉넉하지 않은 살림이지만 내 가슴은 너무도 많이 뜨거운 것으로 가득 차 있다. 천하를 손에 쥐는 것보다 '우렁이 각시'처럼 참한 아내를 집에 둔 남자가 행복한 남자일 것이다.

■ 제2회 대구광역시 주부백일장 입선. 1998.

밥

밥 끓는 냄새가 집안을 감싼다. 우리 쌀로 지은 밥 냄새를 맡을 때마다 느끼는 행복이란 표현할 길이 없다. 밥솥에서 밥이 익어가는 내음을 맡고 있노라면, 세상에 부러울 것이 무엇이랴. 사람이 살아가는 데 있어서 뭐니 뭐니 해도 밥이 최고다. '대한민국 사람은 밥심으로 산다!' 라는 어느 업체의 광고 문구처럼 '밥'은 우리에게 하루를 살아가는 원동력이자 삶의 즐거움이다.

부모는 제 자식 입에 밥 들어갈 때 가장 행복을 느낀다고 한다. 제 아무리 천하장사라도 밥을 안 먹고 살 수는 없을 것이다. 어머니는 늘 "암만케도 먹은 놈이 힘쓴다." 하고 삼시 세 끼 꼭 챙겨 먹도록 권했다. 나는 그 말씀을 세뇌가 될 정도로 들어왔고, 지금껏 밥 먹는 일을 소홀하게 생각한 적이 없다.

딱히 어머니의 말씀 때문만은 아니다. 나는 선천적으로 배가 고프면 견디지 못하는 체질이다. 한마디로 말해서 허기진 상태에서는 정신을 못 차린다. 눈이 빙빙 돌고 어지러워 잠시도 서 있지를 못한다. 결코 좋은 체질이라 할 수 없다. 하지만 남편은 안 먹고도 잘 버티는 사람이다. 하루 한 끼 정도 거르는 일은 다반사이다. 나로서는 상상도 할 수 없는 일이다. 때문에 나는 삼시 세 끼 밥상을 차린다. 휴일에도 아이들과 남편의 밥상을 차리면 남편은 입버릇처럼 말한다.

"좀 전에 먹었는데 뭘 또 먹어?"

서운하다 못해 야속하다. 밉다. 결혼 전에 부실하기 짝이 없던 개미허리를 튼실한 올챙이배로 만들어 놓았더니, 그동안 쌓은 공덕은 간 데 없다.

밥은 곧 힘이다. 밥을 먹어야 힘을 쓸 수 있다. 우리가 살아가는 세상은 경쟁의 사회다. 치열한 경쟁사회에서 살아가려면 밥심을 길러야 한다.

밥은 논에서 나온다. 논은 땅이다. 더 크게 생각하면 땅은 내 나라의 국토를 의미하며, 그것은 곧 하나의 국가를 뜻한다. 국제사회에서 국가는 경쟁을 할 수밖에 없다.

미국은 쌀을 무기로 세계를 지배하려고 든다. 저들은 넓은 국토를 배경으로 지구상의 약소국들을 슬쩍 삼키려 한다. 그들의 내숭이 무섭고 두렵다. 어쩌면 우리는 밥 한술을 얻기 위해 비굴한 행동을 해야 할지도 모를 일이다. 거지처럼 허리를 굽실거리며 저들의 온갖 횡포에도 비명 한번 지르지 못하고 고스란히 당할지도 알 수 없는 일이다.

밥! 나는 밥이 제일 좋다. 밥 없으면 못 사는 여자다. 돌이켜 생각하건대 공부하겠다고 온 가족이 고향땅을 버리고 온 것이 이토록 후회될 줄이야. 그나저나 시아버님께서 남겨주신 손바닥만 한 논이라도 온전히 지킬 수 있었으면 좋겠다. 미국쌀이 언제 다시 고개를 쳐들고 우리 논을 집어삼킬지 알 수 없다. 부지런히 논을 넓혀야겠다. 그것은 나와 나라가 살아남는 길이다.

대한민국 사람들, 밥 좀 먹고 삽시다.

■ 수필사랑 동인지 제10집 《수필사랑》 2006.(겨울)

터

행정수도를 충청도로 이전하는 문제로 세상이 술렁거리고 있다. 나라가 난관에 봉착하여 민심이 흩어지고 있는 현실에 명망이 높은 지관地官들의 혜안을 들여다보고 싶다.

서너 해 전에 있었던 일이다. 여동생은 좀 더 넓은 집으로 이사를 했다. 그런데 이사를 하고 나서 동생은 줄곧 병에 시달려 시름시름 앓았다. 실내는 통풍이 되지 않아서 온통 습한 기운이 감돌았고, 햇볕 또한 한줌도 들지 않는 음예陰翳의 공간이었다. 가엾게도 동생은 풀방구리에 쥐 드나들 듯, 병원 문턱이 닳도록 드나들었지만 소용이 없었다. 더구나, 부부 사이마저 원만하지 않아 싸움이 잦았고 사네 안 사네 파경 직전에 이르렀다. 보다 못해 안사돈께서 부적符籍을 여러 장 써가지고 와서 거실과 현관 그리고 방방마다

붙이고 한참 푸닥거리를 놓은 후에 동생은 또다시 이사를 했다. 신기하게도 동생의 병은 새로운 터에서 씻은 듯이 나았다.

언젠가 외가댁에서 조상의 묘를 이장移葬할 때의 일이었다. 그 때, 막내인 셋째 외삼촌께서는 외숙모의 반대로 이장하는 일에 불참을 했다. 그러나 불도그bulldog 성질을 가진 둘째 외삼촌은 아내의 말에 콧방귀를 뀌며 그 일에 적극적으로 나섰고 이장을 끝내고 집으로 돌아오는 길에 그만 오토바이 사고가 나서 하반신이 불구가 되고 말았다. 그 때문에 둘째 외숙모는 남편을 한없이 원망했었다. 일생토록 휠체어를 타고 살아야 하는 외삼촌은 한창 뜨거운 피 끓는 아내를 생과부로 만든 죄책감에서 헤어나지 못하였다.

흔히 사람들은 집안에 우환이 생기거나 일이 잘 안 될 때 "집터가 나빠서 그래." 혹은 "조상의 묘를 잘못 썼나." 하고 말하곤 한다. 그만큼 우리 조상들은 집터나 묏자리를 좋은 곳에 정하면 복을 받고, 자손들이 번영을 누린다는 믿음을 갖고 있다. 바로 풍수 사상에서 나온 생각이다.

풍수 사상은 산의 모양새나 땅덩이의 생김새, 그리고 물과 바람의 흐름 등을 모두 함께 살펴 사람들의 생활에 연결시키는 학문이다. 즉, 자연 현상과 그 변화가 인간 생활의 행복에 깊이 관계한다는 사상이다. 지형이나 방위를 인간의 길흉화복과 연결시켜, 죽은 사람을 묻거나 집을 짓는 데 알맞은 장소를 구하는 이론이다. 나라의 궁궐터에서 일반 백성들의 집터까지 모두 풍수지리 사상에 의해서 결정되었다.

고려 왕조를 무너뜨리고 새 왕조를 세운 '이성계'에게 가장 중요한 일은 어디를 도읍지로 정하느냐는 것이었다. 그 당시 풍수지리 사상을 연구하던 풍수風水들은, 고려가 망한 것이 도읍지인 송도의 힘이 약해졌기 때문이라고 하였다. 그 때문에 이성계는 수천, 수백 년 동안 조선 왕조를 지속시킬 수 있는 힘을 지닌 명당자리를 찾으려고 노력하였다 한다.

그러고 보면, 내가 아이들과 자주 가는 D도서관의 터는 명당자리가 분명하다. 왜냐하면 수많은 문학도들이 문전성시를 이루고 있는 그곳 도서관에서 역량 있는 수필가들이 해를 거듭할수록 탄생하고 있기 때문이다. 참으로 명당明堂 중의 명당은 또 하나 있다. 수성못 입구에서부터 걷기 시작하여 범물동 용지 일대를 돌아보면 그야말로 '맹맥이'*가 지은 조롱박 혹은 터널 모양의 형상을 하고 있다. 이 동네가 원래는 광활한 묏자리 지역이었으나 활발하게 개발되어 산 사람이 사는 아파트 단지로 변모했다.

풍수지리 사상을 단순히 조상의 무덤을 잘 쓰면 후손들이 복을 받는다는 정도의 미신으로만 보는 사람들도 많다. 그러나 컴퓨터가 만들어져 인터넷 세상이 되었고, 우주비행을 하는 오늘날에도 풍수지리 사상은 훌륭한 지형 과학으로 높이 평가를 받고 있는 것이 틀림없다.

나는 풍수사상을 '사람들의 어떤 기원祈願이 담긴 사상' 이라고 본다. 자신이 바라는 일들이 언젠가는 이루어질 것이라고 믿고 있는 것을 느낀 까닭이다. 반풍수 같은 나의 생각으로 인하여 명산 폐묘 시킬까 염려가 되지만, 요즘의 혼란스러운 세상을 바라보면

풍수학에 매혹을 느끼지 않을 수 없다.

* 맹맥이: 제비 종류의 한 가지. 일반 제비는 위가 오픈된 구조의 집을 짓지만, 맹맥이는 터널 혹은 조롱박 모양의 구조로 집을 지어 새끼가 떨어지지 않도록 함.

■ 계간 《대구문학》 2005. 겨울(65)

세대 차이

요즘 들어 눈에 띄는 카피가 많아졌다. '침대는 가구가 아닙니다. 과학입니다.' 이 말은 어느 가구회사의 광고 문안이다. 이 카피 때문에 얼마나 황당한 일이 있었는지 아는 사람이 몇이나 될까. 어느 과학 선생님이 학생들에게 "여러분, 과학이 무엇입니까?" 하고 질문을 하자, 학생들은 이구동성으로 "침대입니다."라고 대답하는 웃지 못할 일이 있었다. 우리는 한바탕 웃음을 자아내게 하는 유형의 카피를 보고 오래도록 기억하고 그 광고의 문안을 입버릇처럼 말하곤 한다. 이처럼 카피는 꿈틀거리는 하나의 생명체가 되기도 한다.

관심을 가지고 가만히 살펴보면, 우리의 일상 속에서 관용어도 그러한 현상이 나타나고 있다. '목이 빠지게 기다린다.'를 '눈이 빠지게 기둘린다.'로 변형시켜 사용하고 있다.

이것은 전승과정에서 와전되거나 변형이 일어난 것이 아닐까 싶다. 현대 사회에서는 '고래 싸움에 새우등 터진다.'라는 속담이 '새우 싸움에 고래등 터진다.'라고 와전되어 재미와 교훈을 주기도 한다. 이러한 현상이 지역이나 시대에 따라 달라지고 있다는 것은 아주 흥미롭다.

와전이나 변형 과정이 존재하기에 속담이나 관용어는 새로운 생명력을 가지게 된다. 사회적 변화나 시대상을 반영하는 예라고 볼 수 있다. 십 년이면 강산이 변한다고 했듯이, 세상은 변화하고 그에 따라 사람들의 사고도 크게 변하고 있다. 과학과 문화의 발달이 가져다 준 세대 차이가 아닐까.

나는 아이들하고 밥을 먹으면서 주로 대화를 하는데, 한 번은 큰아이가 이런 말을 했다. " '윗물이 맑아야 아랫물도 맑다.'는 속담은 '윗물은 흐려도 아랫물은 맑다.'로 변형되었어요." 했다. "왜 그렇게 생각하지?" 하고 묻자, "정수기로 정화되어 나오기 때문이에요." 하고 답했다. 과학기술의 발달로 오염된 물일지라도 정화시킬 수 있기에 가능하다는 것이다. 즉, 죽은 물을 생수로 살려내는 것이다.

고향에서 남녀공학의 중학교를 다니던 80년대 초에 유행했던 말이 생각난다. '남녀칠세부동석'이라는 말을 우리는 곧잘 '남녀칠세지남철'로 변형시켜 써먹었다. 큰아이로부터 요즘도 그런 말이 유행하고 있다는 것을 알고 새삼스러웠다. 생명력이 있는 말은 세대를 뛰어넘어 오래도록 쓰인다는 사실이 놀랍기도 하다. '콩 심은 데 콩 나고 팥 심은 데 팥 난다.'가 아니라, '콩 심어도 팥 나고 팥 심어도 콩 난다.'로 바꾸어 말하는 아들 녀석의 지론이 가히 놀라울 따름이다. 유전공학의 발달로 그것이 가능하다는 것이다.

'과학자'가 장래 희망인 아들 녀석과 대화를 하다 보면 먼 미래에서 살고 있는 느낌이 든다. 관용어나 속담이 고정되어 쓰이지 않고, 변형되거나 와전되어 쓰이는 이러한 현상은 시대 변화에 맞게 쓰일 수 있다는 특징을 반영하는 것이다. 언어의 가변성이 그렇게 세대 차이를 만드는 것이리라.

새로운 언어의 창출은 창의력이고 그것은 언어에 생명력을 불어 넣는 일이다. 고정된 관념에서 바라보면 그것은 대변혁일 수 있겠지만, 결코 부정적으로 볼 수 있는 일은 아니다. 세상은 급변하고 또 시대에 맞추어 우리 언어도 변화하고 있다. 인터넷의 온라인상에서 채팅언어가 범람하고 외계어가 침투한 까닭이 바로 여기에 있는 것이다. 빠르고 바쁜 세상에서 불편한 껍질을 벗어던지고 서로 공감할 수 있기 때문이 아닐까. 심지어 공중파 방송용 어휘들조차도 관심을 가지고 주의 깊게 들어보면 확연히 달라진 것을 알 수 있다.

따라서 카피나 관용어 혹은 속담이 상황이나 시대에 따라 적절하게 쓰여 효율적인 표현과 이해를 가능하게 하기 때문에 생명력을 지니는 것이 아닐까 싶다. 언어는 생명력이 강하고 질길수록 세대를 뛰어넘기도 하고, 그렇지 않으면 도태되기도 한다. 그렇게 변화하는 과정에 새로운 세대를 맞이하면서 언어는 새롭게 탄생되는 것이다.

이러한 점을 이해하고 수용하지 못한다면 우리는 세대 차이를 느낄 수밖에 없는 것이다. 물론, 구세대들은 신세대들의 언어에 대하여 이질감을 느끼며 '세대 차이'를 탓할지도 모를 일이다. 역사의 흐름에서 그 시대에 편승하기를 거부하는 사람은 더욱 새로운 세대를 가리켜 "요즘 것들 참 못쓰겠네." 하고 질책叱責할 것이다.

그러나 이와 같은 세대간의 차이를 부각시켜 문제 삼는 것보다는 포용하는 배려가 있어야 하지 않을까. 예전에 예사소리였던 '곶'이 '꽃'으로, '곳고리'가 '꾀꼬리'로, '불휘'가 '뿌리'로 변한 현상을 이해한다면 말이다.

■ 수필사랑 동인지 제8집 ≪수필사랑≫ 2005.(겨울)

어우동과 플레이보이

동창 홈페이지에 치열한 공방의 댓글이 달렸다. 친구들 사이에 농담처럼 번진 화제는 '애인을 두고 싶다'는 것이다. 이 세상에 반은 남자이고 반은 여자이다. 남녀가 존재하는 이상 스캔들은 영원히 사라지지 않을 것이다. 손뼉도 마주쳐야 소리가 나듯, 바람은 결코 혼자서 피우지 못한다. 또한, 짝짓기를 위해 교미를 하는 동물과 달리 인간은 시시때때로 섹스를 즐길 줄 알기 때문에 영원한 이야깃거리가 된다.

어우동은 조선시대를 통틀어 최고의 색녀로 꼽히는 여인이다. 실록에는 어을우동於乙于同이라 표기되어 있으나 대부분의 야사野史에는 어우동으로 적혀 있으며, 호적에서 이름이 지워진 뒤 만든 기생 이름이다.

어우동은 조선 성종 때의 호색가이다. 그녀는 승문원지사 박윤

창의 딸로 태어나 종실 집안 태강수泰江守에게 출가한 양반집 여자였다. 하지만 원초적 본능이 워낙 강했기에 외간남자들과 관계를 가졌다. 그녀는 물불을 가리지 않고 마음에 드는 사람과는 즉석에서 관계를 가졌고, 특히 근친상간도 마다하지 않았다.

그녀는 상대 남자에게 자기 이름을 문신하게끔 강요하곤 했다. 자식을 낳지 못한 이유로 소박을 당한 후에도 여종과 함께 여러 조관 및 유생들과 가릴 것 없이 방탕한 생활을 즐겼다. 이것은 단순히 남성에 대한 보복 행위로만 생각할 수 없다. 지극히 성적 쾌락을 즐긴 것이 아니었을까. 그러나 여성의 성이 억압받던 봉건적 성문화 속에서 행해진 그녀의 이러한 행실이 미풍양속을 어지럽히는 죄로 인정되어 결국 처형당했다.

하지만, 대중적인 영상매체의 발달로 섹스문화가 개방된 오늘날에는 많은 사람들이 호색가로 진화되었다고 본다. 요즘은 애인 없는 사람이 오히려 바보 취급을 당하고 있다. 또 이혼이나 재혼도 거리낌 없이 하고 있다. 독신으로 소리 소문 없이 섹스를 즐기는 사람도 많은 것 같다. 공자 왈, 맹자 왈 하던 시대는 이미 지나간 것이다. 인류의 역사는 밤에 이루어졌듯, 물밑의 섹스 스캔들은 무수히 많을 것이다.

'플레이보이'의 상징마크는 왜 토끼일까. 플레이보이playboy는 직역하면 엽색獵色가 혹은 한량閑良이며, 1953년 휴 헤프너가 미국 시카고에서 창간한 잡지 <플레이보이>에서 유래한 말이다. 창간호에 마릴린 먼로의 컬러 누드사진을 실었고, 그 후 매호마다 플레이메이트playmate라는 이름의 여성 누드모델을 등장시켜 화제를 끌고 있다. 이 잡지가 표방하는 '플레이보이 철학'은 남자는 성을 포함

한 모든 면에서 완전한 자유를 누려야 한다는 것이다. 잡지 발행과 더불어 주요 도시에 개설된 플레이보이 클럽 역시 토끼 모양의 옷을 입은 바니 걸bunny girl로 인기를 끌었으며 미국적인 성욕주의를 대표하고 있다. 서양에서 토끼는 음란한 동물의 상징인 바, 풍만한 가슴을 지닌 바니 걸은 남성의 애완물이며, 토끼 마크는 사냥감의 표시인 셈이다.

동서양을 막론하고 섹스에 대한 이야기는 재미가 있다. 또 그것은 사람이 살아가는 데 있어서 아주 중요한 부분이기도 하다. 현실적으로 한 집 건너 한 집씩 이혼하는 원인 중에 이것이 큰 부분을 차지하기도 한다. 서로 성격이 맞지 않아서라고 말하는 이유가 여기에 있다고 본다. 어느 한 쪽이 성을 밝히는 반면 다른 한 쪽이 따르지 못하면 결국 불화가 생기기 마련이고, 그 욕구를 충족하지 못하면 밖에서 해소할 수밖에 없는 것이다. 남편이고 아내고 대문을 나서면 이미 '내 사람'이 아니라고 생각하는 것이 속 편할지도 모르겠다.

바람이 나쁜 열매를 맺으면 외도가 되는 것이다. 인간은 도의적인 측면에서 볼 때 남편이나 아내 이외에 다른 사람과의 관계를 가지는 것은 부당하겠으나 서로에게 필요한 것을 충분히 채워주지 못할 때 결국 한 가정은 파경을 맞을 수밖에 없다고 본다. 그렇다면 성이 개방된 지금 시대에서 현대의 부부들은 마냥 자유로울 수 있을까. 간통죄, 친고죄 등의 족쇄로 결코 자유롭지 못하다. 인간에게 지워진 가장 무거운 쇠고랑은 아마도 일부일처 제도가 아닐까 싶다.

평소 통나무 같은 사람일지라도 수면 아래에 가라앉은 원초적 본능을 흔들어 깨우면 다시 살아난다. 아내들이여! 섹시해지자. 남편과 사랑을 하고 싶을 때면 내 안에 잠자고 있는 본능을 충분히 깨워야 할 것이다. 다락방에 숨겨둔 젊은 왕자와의 은밀하고도 에로틱한 추억이라도 떠올려 보면 좋을 듯싶다. 21C에는 여성들이 보다 적극적으로 성생활을 주도하는 추세다.

남편에 의해 일방적으로 끌려가던 시대는 지났다. 좋고 싫음을 분명하게 표현해야 할 것이다. 그것은 자신의 쾌락을 위한 것이기도 하지만, 남편을 위한 최상의 서비스가 될 것이다. 가장 가까이 있는 소중한 내 사람을 지키기 위한 현명한 몸부림과 욕심이어도 좋다. 제 사람 하나 못 챙기면서 또 다른 욕심을 품을 수는 없지 않겠는가. 나는 남편에게 만큼은 영원히 사랑스런 여인이면서 섹시한 애인이고 싶다.

■ 수필사랑 동인지 제11집 《수필사랑》 2007.(여름)

안경

"엄마, 나도 안경 사 주세요."
"갑자기 안경은 왜? 잘 안 보여?"
"그게 아니고, 친구들이 쓰고 있는 것 보니까 멋있어 보여요."
"안경을 멋으로 쓰나? 그거 쓰면 얼마나 불편한데. 겨울엔 정말로 *안습이다. 엄마 친구들 보니까 라면 먹을 때, 목욕탕에 들어갈 때 정말로 불쌍해 보이더구나. 뽀뽀할 때도 걸리고. 오히려 안경이 불편하다고 렌즈를 끼거나 라식수술 하는 사람이 얼마나 많은데. 근데 참 아이러니한 일이야. 안과眼科 의사들은 여전히 안경을 쓰고 있으니 말이다."
"엄마, 우리 반 애들 중 절반 이상이 안경 썼어요."
"별 게 다 유행이구나. 우리나라 사람들은 과거부터 유행이나 소문에 민감하지. 이런 성향이 긍정적으로는 인터넷 등 정보 통신의 빠른 발달 등으로 나타나기도 하지만, 부정적으로는 소위 말하는 '냄비' 라는 말을 들을 정도로 남의 말과 유행에 민감해서 여러 방면으로 손해를 보거나 상처를 입는 집단이 발생하는 부작용도 생기는 거야."

"……"

"정 그러면 엄마 꺼 써라."

"싫어요. 엄마 꺼는 밖에서 쓰면 이상하고 창피해요."

"뭐가 이상한데? 이래 봬도 엄마가 너 낳은 후에 아빠가 직접 만들어서 선물한 거야."

"그건 그냥 안경이 아니고 선글라스잖아요. 알 색깔도 벌겋고 테가 후져요."

"내 안경이 어때서? 엄마는 뭐든지 아빠가 손수 만들어 준 게 제일 좋은데. 아까 ○○은행에 갔을 때 '사모님, 안경이 멋지네요.' 하더라. 그래서 아빠가 정성들여 만들어 준 거라며 자랑했다. 돈만 주면 살 수 있는 흔해 빠진 그런 게 아니야. 세상에서 유일하게 나만 가지고 있는 안경이라니까 그러네. Only one 알겠어?"

"아이 참, 요즘 애들은 그런 안경 안 써요."

"그럼 어떤 거 쓰는데? 너는 가치 있는 게 어떤 건지 정말로 모르는구나."

"엄마 꺼처럼 촌스러운 게 아니라 가볍고 세련된 거에요."

"이 녀석아, 안 그래도 니 형 때문에 속상해 죽겠는데, 너까지 왜 그래? 그리고 안경이 얼만 줄 알아? 한두 푼도 아니고."

"형은 형이고 나는 시력 안 나쁘단 말이에요."

"에구, 속상해. 엄마 아빠 닮아서 안경 쓰는 사람 없을 줄 알았는데. 니 형은 안경까지 쓰고. 우리 집에 안경쟁이가 웬말이야."
"난 눈이 나빠서가 아니라 그냥 멋으로 쓰고 싶다니까요."
"그럼, 그런 안경은 아빠한테 사 달라 해라. 난 돈 없어."
"내가 말하면 안 사줘요."
"나 같아도 안 사주겠다. 중학생이 하라는 공부는 안 하고 맨날 놀기만 하는데 뭐가 예쁘다고 사주나?"
"다른 집 애들은 놀아도 잘만 사주는데, 왜 난 안 사줘요?"
"다른 집 누구?"
"다요."
"씰데없는 소리 그만하고 가서 공부나 해. 다른 애들은 학원 다니느라 정신없는데. 이 녀석아, 정신 좀 차려."
"난 할 꺼 다 하고 놀아요."
"하이고, 얼마나 했다고. 한 시간을 했나, 두 시간을 했나."
"엄마는 우리처럼 어렸을 때 갖고 싶은 거 없었어요?"
"……"
"외할머니한테 물어봐야지."
"그래라. 나는 없었다."
"진짜요? 할머니께 물어보고 아니면 사줘야 돼요."
"이 녀석이-. 너 정말 혼나 볼래?"
"그러니까 제발 사주세요."
"하긴. 나도 너만 할 때 안경이 무척 갖고 싶었지. 안경을 쓰면 왠지 공부를 잘하는 우등생처럼 보이잖아. 근데 친구들 안경을 써보니까 당최 어지러워서 못 쓰겠더라. 넌 절대로 그러지 마라.

눈 나빠질라."

"긍께 도수 없는 것 쓰면 돼요. 칼라 안경 쓰면 정말로 *뽀대나요."

"아들, 이것 좀 봐라. 엄마는 시력이 멀쩡한데 안경을 쓰기 뭣해서 컴퓨터용 보안경을 샀었지. 이리 와 봐. 이거 어때? 엄마 박사처럼 보이지?"

"네. 그럼, 이 안경 되게 오래되었네요?"

"그렇지. 엄마랑 함께 강의하던 盧선생하고 같이 시내에 가서 둘이 똑같은 걸로 샀어. 아주 큰맘 먹고 보너스 받은 돈으로. 그 돈이면 지금도 20킬로 쌀 한 포대 살 수 있으니까 꽤 큰 돈이었지. 쌀 한 포대면 우리 네 식구 근 한 달 먹을 수 있지."

"그랬어요?"

"아무렴. 내가 이거 쓰고 여고에서 누나들 가르쳤지. 학교 전산업무도 처리하고. 안경 낀 내 모습을 비춰보고 흐뭇해 하며 낄낄거렸었지. 그때 내가 가르쳤던 누나들도 지금쯤 모두 시집가서 애 엄마가 되었겠네. 벌써 십칠 년이나 지났으니까."

"예전에 엄마하고 놀러 갔던 집 주인이 盧선생님이잖아요."

"그래－. 요즘은 어떻게 지내는지 통 연락이 안 되네. 보고 싶은데……."

"안경 꼭 사주실 거죠?"

"이 녀석아, 앞으로 너 하는 거 보고."

"에이, 엄마도 나처럼 안경 쓰고 싶어 했으면서."

"엄마는 직업상 눈을 보호하려고 했던 것뿐이야. 요즘은 컴퓨터로 글을 많이 쓰기 때문에 관리가 절실하게 필요하지. 근데 너는

단지 멋으로 쓸려고 하잖아. 수요需要 패턴이 집단적으로 일어나는 건 유행을 부추기게 되는 거야."

"그러니까 세대 차이가 나죠."

"아들아, 그렇더라도 눈은 인생의 등불과 같단다. 시력을 두고 도박하지 마라. 너는 눈을 더욱 더 건강하게 잘 관리해서 늙어서도 책을 읽을 수 있도록 하려무나. 좋은 글을 많이 읽어야 생각이 깊어진단다. 너는 가슴이 넓고 생각이 깊은 사나이가 되렴."

* 안습이다: '안구에 습기 차다.'는 뜻. 주로 10대 청소년층들이 사이버상에서 한글 축약형, 비속어로 쓰고 있음.

* 뽀대나다: '멋있다'는 뜻.

■ 2007.11.

열쇠

집 앞 골목길에서 열쇠집 아저씨를 만났다. 새로 이사를 하고 나서 여러 날 동안 그와 마주치기를 기다렸는데 통 만날 수가 없었다.

"아저씨, 오랜만이네요."

"그러네요."

오늘도 그는 개량 오토바이를 타고 온 동네를 돌던 중이었다. 나는 이사를 여러 번 했지만 고작 부처님 손바닥 안에서 놀았다. 그러다 보니 이사 후 매번 그를 찾아 열쇠를 맞추게 되었다.

이번에도 그에게 대문과 현관 열쇠 세 개를 주문했다. 그는 능숙한 솜씨로 열쇠를 만들면서 저녁에 손님을 접대할 일에 대하여 고민을 털어놓았다.

"사돈이 온다는데 참 걱정이네요. 무엇을 대접하면 좋을지. 회라도 서너 접시 준비해야겠어요."

그는 사돈이 자기 집에 온다는 것이 무척 부담스러운 모양이었다. 일을 하면서도 머릿속엔 온통 사돈을 맞이할 생각으로 분주했다.

"누가 결혼했어요?"

"우리 아들이 장가를 갔지요."

그는 몇 주 전에 막내며느리를 보았단다. 한데 나는 그의 행동이 의아했다. 옛말에 '딸을 가진 부모는 서서 절을 받고, 아들을 가진 부모는 앉아서 절을 받는다.'고 했다. 한데 그는 아들을 가진 사람으로서 무엇이 걱정이란 말인가.

나는 친정 부모님께서 시댁 식구들에게 부담을 느꼈던 때의 일을 떠올렸다. '딸 가진 죄인'이라고 하시며, 시댁 식구들에게 내가 구박이나 받지 않을까 노심초사 애태우시던 부모님이었다.

"아저씨, 며느리를 보셨는데 뭐가 걱정이세요?"

"며느리가 열쇠를 가지고 왔잖아요."

그는 풍족한 삶을 살지는 못하지만 밥은 먹고 살고 있다. 그런데 사돈댁이 넉넉한 집안이다 보니 딸자식을 보내면서 바리바리 싸서 보낸 모양이었다. 아마도 그는 거기서부터 기氣가 죽은 것 같았다.

"며느리가 많이 해 오면 좋지 않나요?"

"아니요, 너무 많이 해 오면 부담되지요."

그는 며느리가 열쇠를 몇 개나 가져왔는지는 끝내 말하지 않았다. 다만, 오늘 저녁에 사돈을 맞이해야 하는 그 일로 복잡하다는 심경을 드러내었다.

우리나라 사람들은 '열쇠'를 단순히 문을 열고 들어가는 도구가 아니라 전혀 다른 의미로 해석할 때가 많다.

“누구 집 며느리가 몇 평짜리 아파트를 사왔디야, 어느 집 며느리는 병원을 차려 주었디야.”

얼마 전까지만 해도 며느리를 본 시어머니들이 모여서 예물 자랑에 신이 났다. 하지만 딸을 가진 부모는 금이야 옥이야 키운 딸을 남의 집에 보내는 것만으로도 서운했다. 게다가 혼수품이며 시댁식구들의 예물을 챙기느라 기둥뿌리가 뽑힐 지경이었다.

한데 열쇠장이는 그렇지가 않다는 것이다. 기쁘기보다는 분에 넘치도록 싸가지고 보낸 사돈이 부담스러워 자기 집에 오는 것조차 달갑지가 않은 모양이다.

나는 예전에 결혼식을 앞두고 신랑에게 제의를 한 적이 있었다. 따로 신접살림을 하지 않고 시댁에서 함께 사는 조건으로, 혼수품은 일절 생략하고 자동차 한 대를 사주겠다고 했다. 하지만 신랑은 싫다고 했다. 나는 그것이 오히려 서운했다. 웬만한 살림살이야 이미 시댁에 모두 있는 것이니 수저 한 벌만 사면 되지 않을까 싶었다.

그 대신 자동차를 사서 아침마다 함께 출근하자고 권했다. 버스로 출근을 하려니 여간 힘이 드는 게 아니었기에 나는 최선의 선택을 하고 싶었다. 가장 현명하고 경제적인 방법으로 비용을 지출하고 싶었고, 가능한 한 친정에 부담을 주지 않으려고 애썼다. 자고로 ‘소 팔고 논 팔아서 아들 딸 시집 장가보내면 못 산다’고 했다.

딸자식을 곱게 길러 가르쳐서 보내는 것만으로도 황송한 일이라 그렇게 생각했다. 더구나 며느리가 좋은 직장에 다니며 경제적인 활동으로 수입이 있다면 금상첨화가 아니던가. 하지만 신랑과 시댁의 생각은 전혀 달랐다.

나는 집이며 혼수며 모든 비용을 이중으로 부담하게 되었고 사돈 간에는 보이지 않는 틈만 생겼다. 결국 나는 양가 부모의 눈치를 살피며 반쪽짜리 열쇠 하나를 쥐고 흐느끼는 불효자가 되고 말았다.

첫 아들을 낳은 후, 나는 누구보다도 안도의 숨을 쉬었다. 딸이 아니기를 학수고대하는 어미의 마음을 알았을까. 둘째 아들을 낳았을 때도 역시 마찬가지였다. 바리바리 싸가지고 가지 않아도 된다는 안도감에 나는 또 한 번 울었다. 벌써 십수 년 전의 일이지만, 생각할수록 쓴웃음이 나온다.

머지않은 장래에 나도 며느리들을 보게 될 것이다. 그때 내 마음은 어떨까. 며느리를 보면서 나는 나의 과거를 잊어버리지는 않을까. 미래의 사돈이 넉넉하여 바리바리 싸서 보내준다면 나는 기분이 어떨까. 반대로 며느리가 빈 몸으로 온다면 또 기분이 어떨까. 열쇠장이가 며느리의 열쇠를 받고 부담스러워 하는 그 기분을 알 수 있을까.

요즘 우리나라에는 '온달'을 꿈꾸는 남자들이 많다. 능력이 있어서 돈을 잘 버는 여자를 신부감으로 선호하고, 재산이 많은 장인 장모의 덕을 보려고 한다. 아랫도리에 큰 칼 차고 세상에 나온 사나이로서 오죽 못났으면 처와 처가의 신세를 지려고 하는 것일까. 선인들은 '겉보리 서 말만 있어도 처가 덕은 안 본다.' 했거늘 요즘 젊은 남자들은 자존심을 하수구에 쑤셔 넣은 모양이다. 아니, 한술 더 떠서 '처가 재산 당기지 못하면 바보다'라고 생각한다.

내 앞의 열쇠장이는 자신의 삶에 충실했고 부끄럽지 않은 삶을 살았다. 그러나 며느리 앞에서 무너지는 아비의 자존심을 그의 아들은 알고 있을까.

그는 완성된 우리 집 열쇠를 건네주며 씁쓸하게 미소를 지었다. 그것은 사위를 보면서 딸과 재물을 빼앗긴 내 아버지의 미소와 사뭇 다른 시아버지의 미소였다.

■ 수필사랑 동인지 제9집 《수필사랑》 2006.(여름)

■ 계간 《選수필》 2006. 가을(제14호)

금강산

며칠 전 가을을 재촉하는 비가 내려 이젠 제법 선선하다는 생각이 들고, 계절은 어김없이 제자리를 지키려는 듯 한로가 되어 자연의 순리를 다시금 깨닫게 한다.

금강산 찾아가자 일만 이천 봉
볼수록 아름답고 신기하구나
철 따라 고운 옷 갈아입는 산
이름도 아름다워 금강이라네
금강이라네

초등학교 시절에 친구들과 이 노래를 부르면서 학교 운동장에서 고무줄놀이를 했다. 쉬는 시간마다 혹은 방과 후에는 동네 어귀 늙은 느티나무 밑에서 해가 서산 허리에 걸릴 때까지 고무줄놀이에 빠졌었다.

언제부터인지는 모르겠으나 고무줄놀이에서 이 노래는 빼놓을 수가 없었다. 1970년대 말, 돌이켜보면 피비린내 나는 참혹한 6.25 한국전쟁이 휴전이 되어 멈춘 지 30년이 채 되지도 않은 내 나이 12살 소녀 시절이었다.

초등학교 5, 6학년 또래의 어린 소녀들이 날이면 날마다 즐겁게 고무줄놀이를 하면서도 그 노래에 담겨진 진정한 의미는 몰랐던 것 같다.

30代 후반에 들어선 지금에서야 그 노랫말 속에 맺힌 우리나라의 비극을 뼈아프게 느끼게 되는 어리석음이여. 초등학교 음악 교과서에 나오던 이 노래에는 분명 우리 민족의 한이 맺혀 있다. 그리고 전쟁이 멈춘 지 50년이 지났다.

우리 민족은 본래 단일민족이었다. 그러나 한국전쟁으로 인하여 남과 북이 나뉘게 되었고, 수많은 인명과 재산을 잃었으며 피를 나눈 동족이 서로 총부리를 겨눈 채 긴긴 세월을 한 맺힘 속에서 살아왔다. 어찌 울부짖지 않을 수 있단 말인가!

사랑하는 부모 형제, 아내와 남편 그리고 자식을 잊지 못하고 가슴 가득히 그리움으로 살아온 세월이여!

지난 6월에는 우리나라에서 세계가 주목한 2002 월드컵이 개최되었었다. 온 세계가 흥분의 도가니에 휩싸여 열광하고 축제를 치를 때도 북한은 우리와 하나가 될 수 없었다.

가슴 한 구석이 커다랗게 뚫린 듯이 허전했음을 그 누구도 부인하지 않을 것이다. 이렇듯 우리 겨레의 가슴속에서 단일민족의 피가 흐르고 있거늘 통일의 날이 언제쯤 올는지? 아니, 언제쯤 우리는 통일을 이룰 수 있을 것인가?

다행히, 근래에 우리나라에도 행운의 여신이 찾아온 것일까? 남과 북이 서로 교류를 하기 시작했다. 이 얼마나 감격스럽고 축복받은 일인가! 남과 북의 이산가족이 서로 가족을 만나게 되었고, 금강산을 관광할 수 있게 되었다.

'시작이 반이다.' 라는 속담이 있다. 우리는 이제 통일의 꿈을 서서히 이루어 가고 있는 것이다. 뉴스와 각종 매스컴에서 대서특필했듯이 경의선과 동해선 철도가 이어지고 있고, 이산가족이 여러 차례 왕래를 했다. 뿐만 아니라 북한도 이제 서서히 개방화의 물결에 세계를 향하여 마음의 문을 열기 시작했다. 신의주 자유무역 지역 지정에서도 알 수 있지 않은가?

금강산!

신선이 살았다는 전설의 아름답고 찬란한 금강산!

이름만 들어도 가슴이 울렁거린다. 우리는 이제 노래 속에서만 그리워했던 금강산을 가볼 수 있게 되었다. 부산 아시안 게임에서 남과 북이 함께 호흡하면서 뛰는 모습을 TV로 지켜보면서 가슴 속 저 깊은 곳에 뜨거운 피가 용솟음치고 있음을 느낀다.

한반도 기를 들고, 남과 북이 서로 부둥켜 얼싸안고, 볼을 비비고, 덩실덩실 춤을 추고 있지 않은가.

가슴이 아련히 저려온다.

기쁨과 감격의 숨소리가 당찬 파도처럼 거침없이 달려오고 있다. 이렇듯 우리는 순리에 따라 하나씩 얽히고설킨 실타래를 풀어가면 될 것이다. 우리 모두 하나가 되어 손에 손을 잡고 하루빨리 통일을 이루어 보자.

오늘도 금강산은 우릴 부르고 있다. 고무줄처럼 질긴 남과 북의 인연을 하나로 묶어보자.

■ 2002민주평화통일자문위원회의 대구남구협의회 주최<제4회 남구 여성백일장>장려.

마음의 습관 —낭송수필

같은 일을 반복하다 보면 그 일을 아주 쉽게 할 수 있는 능력이 생긴다. 자기도 모르는 사이에 길이 들어 하나의 버릇이 되는 것이다.

소녀 시절, 농사로 바쁜 어머니를 대신하여 자주 밥을 짓고 반찬을 만들곤 했었다. 그때는 조리로 쌀을 일어 돌을 고르고, 칼로 야채를 써는 일이 벅찼다. 하지만, 오랜 세월 그 일을 반복하다 보니 이젠 그다지 힘들이지 않고도 잘한다.

이와 같이 사람의 마음에도 버릇이 생긴다. 작은 경험이 버릇이 되어 계속 살다보면 점점 가속도가 생긴다. 그리고 종국에는 선과 악의 정점에 도달하게 된다. 선과 악, 둘 중에 어느 마음으로 힘을 실어야 할 것인가는 개인의 문제이고 극기심에 달렸다. 마음의 버릇이 그 사람의 성품과 인격을 형성하게 된다. 사람들은 인격을 보고 그 사람의 참가치를 판단한다.

"착한 일을 행하는 사람은 봄 동산의 풀과 같아서 눈에 보이지 는 않지만 날마다 더하여 자라나고, 악한 일을 하는 사람은 숫돌과 같아서 보이지 않아도 차츰 갈려서 닳아 없어지는 것과 같으니라." —『명심보감』

사람의 행동과 마음의 습관은 쉽게 길들여지는 법이다. 바늘 도둑이 소도둑 되는 이치처럼. 그러므로 우리는 항상 선의 방향으로 마음을 움직여 나아가야 할 것이다. 습관은 곧 그 사람의 운명(미래)이 되기 때문이다.

나는 수필가로서 마음을 다하여 수필을 읽고 쓰는 일에 습관이 붙도록 날마다 마음을 추슬러 본다.

■ 2007. 11. 17.

제2부_아욱국

여우비

여우비를 또 만났다. 손뼉도 마주쳐야 소리가 난다고 했던가. 오늘도 서로 다른 의견으로 남편과 맞부딪치고 말았다. 그냥 한 번쯤은 아내의 속상한 마음과 푸념을 받아주면 어디가 덧나기라도 한단 말인가. 쇠심줄보다도 더 질긴 남편의 아집에 짓눌려 나는 역시나 패병敗兵이 되고 만다.

'괘씸한 인간 같으니라구. 어디 늙으면 두고 보자.'

속으로 수없이 되씹는 동안 남편에 대한 미움의 싹이 또다시 은근히 고개를 든다. 한솥 밥을 먹고 한이불 속에서 방귀 뀌며 살아온 세월이 얼마인가. 열애熱愛 5년, 결혼생활 15년에 접어들었으면 이제 좀 수그러질 때도 되었다. 불혹을 훌쩍 넘어 사십 대 중턱에 닿았으면 아량을 베풀 만도 하건만, 한 치도 양보할 기미가 보이지 않으니 나는 번번이 제풀에 꺾이고 만다.

남편과는 애당초부터 대화가 되질 않는다. 내 뜻이 이러저러 하다고 전하면, 더 이상 잴 것도 없이 발끈하여 되받아친다. 특히, 금전과 관련된 일이나 시어머니에 대한 불만을 토로하는 날이면 나는 여지없이 무너지고 만다. 이보다 속상하고 억울할 데가 또 있을까. 여우비가 내리는 날엔 남편은 내 사람이 아닌 듯싶다. 세상의 남자들이 내 남편과 같다면 나는 도시락을 싸들고 다니면서라도 '결혼은 미친 짓이다'라고 극구 말리고 싶다.

그러나 미안하다는 말은 언제나 남편의 몫이다. 나는 남편이 잘못을 인정할 때까지 절대로 입을 열지 않는다. 분忿을 삭이지 못하면 사흘이고 나흘이고 벙어리로 지낸다. 내가 진주보다 귀한 눈물을 흘린 만큼 그도 대가代價를 치러야 한다고 고집을 부린다. 엇서며 대들었던 남편이 마침내 꼬리를 내릴 때 나는 미묘한 쾌감을 느낀다. 충돌이 없었다면 이러한 맛을 볼 수 없을 것이다. 나도 모르는 사이에 나는 그 화해의 제스처에 길들여져 가고 있는지도 모른다.

사람들은 흔히 신혼 시절에 배우자의 기를 꺾어야 한다고 생각한다. 그렇게 해야만 한평생 편하게 살 수 있다고 여기기 때문이리라. 가히 틀린 것 같지는 않다. 내 어머니는 아마도 신혼 때에 아버지에게 꺾인 것이 아닐까 생각한다. 두 분께서 싸움을 하고 나서 잘못을 인정하고 비는 사람은 늘 어머니이다. 강씨도 최씨도 아니지만 아버지의 고집은 보통이 넘는다. 부모님과 함께 살아오는 동안 경주 김씨慶州 金氏의 고집이 '강 고집'과 '최 고집'을 능가한다는 것을 터득하게 되었다. 그 후, 나는 절대로 어머니처럼 살지 않겠노라고 다짐하고 또 다짐했다.

아버지는 어머니가 잘못을 빌기 전까지 절대로 말씀이 없다. 한 번 고달을 내면 사흘이고 나흘이고 방바닥에 드러누워 금식에 들어간다. 아버지 스스로 화가 풀릴 때까지 내버려 두었다가는 굶어 죽을 지경에 이른다. 어머니는 아버지의 그런 모습이 안쓰러워 먼저 잘못을 빈다. 그러면 아버지는 못이기는 척 일어나 밥술을 드신다. 그러한 광경이 40년째 이어지고 있다. 같은 여자로서 안타까운 일이 아닐 수 없다.

하여, 나는 남편과의 싸움에서 전반전엔 패병이 되었다가 후반전에 비로소 아버지처럼 '벙어리 투쟁'을 하며 승리를 꿈꾼다. 그러나 나는 아버지처럼 굶는 일은 죽었다 깨어나도 못한다. 밥은 꼭 먹어야 한다는 것이 나의 철칙이다.

내 어린시절에 어머니는 아버지에 대한 불만과 미움의 감정을 흙내가 물씬거리는 부엌에서 쏟아내셨다. 부지깽이로 바닥을 패거나 동이와 놋그릇을 두드리며 분하고 억울한 마음을 풀어내셨다. 한참을 그렇게 하고 나서야 어머니의 얼굴엔 평온이 찾아왔다. 하지만 회색 도시에 살고 있는 내게는 애꿎은 그릇과 빈 소주병들이 나의 화풀이 대상이다. 남편을 흠씬 두들겨 패고 싶은 감정을 모두 쏟아 부어 콘크리트 바닥에 내동댕이친다. 산산이 흩어지는 그 소리에 짜릿한 쾌감을 느낀다. 처참하게 부서진 잔류물을 바라보며 일종의 카타르시스에 도달한다. 아내이기 이전에 여자인 내 마음을 몰라주는 남편에 대한 항변이라고 해도 좋을 듯싶다.

비온 뒤에 땅이 굳어진다고 했던가. 옥신각신 싸우다가도 하룻밤을 자고 나면 언제 그랬냐는 듯 남편의 얼굴은 또다시 맑음이다. 여전히 흐린 얼굴로 있는 내게 다가와 남편은 슬슬 장난을 건다.

간밤에 치솟던 콧대는 언제 내려왔는지 모른다. 화해를 밥 먹듯 반복하는 남편이 정말 밉고 야속하다. 병 주고 약 줄 바에는 애당초 고집을 꺾고 아내의 기분을 맞춰주면 좀 좋을까.

부부싸움은 칼로 물 베기라 하더니 새로운 태양이 뜨면 남편의 달콤한 속삭임에 또 무너진다. 나는 그렇게 수많은 날들을 속고 속으며 살아오고 있다. 앞으로도 남편과 부딪치며 또 그렇게 살아갈지도 모른다. 그것이 부부의 애정을 다지는 데 필요한 관문이라면 기꺼이 통과하면서 지혜롭게 살아갈 수밖에 없지 않겠는가. 도로 남이 되는 일이 없는 이상, 여우비는 우리에게 사랑의 묘약이 될 것이다.

■ 계간 ≪대구문학≫ 2006. 가을(68)

두 개의 목도리

현관문을 나섰다. 작은 뜰을 지나 대문을 여는 순간 대문 난간에 걸어 놓은 목도리가 눈에 띄었다. 분명히, 아침에 작은 아이가 유치원 갈 때 둘렀던 노란 '피카츄' 목도리였다. 누가 그랬을까? 궁금한 마음을 떨쳐 버리지 못한 채 한나절을 보냈다. 점심시간이 지나고 유치원을 파한 작은아이가 돌아왔다. 아이는 목도리를 잃어버린 줄도 모르고 있었다. 우리 집 아이의 것이라는 것을 아는 이웃 사람이 그랬을 거라는 생각에 고마운 마음이 들었다.

대구에서 고등학교를 졸업한 나는 소규모 회사에 취업을 했다. 치과기공소에 합금을 납품하는 제조회사였다. 금은방을 드나들며 합금 제조에 필요한 재료를 구입하고 수금을 하는 것이 나의 업무였다. 그날그날 사장님이 그려 준 약도를 보고 찾아가서 재료를 구입하고 또 치과기공소에 합금을 납품 후 수금을 해야 했다. 버스를 하루에도 수십 번 갈아타는 과중한 업무에 다리는 퉁퉁 부어올랐다. 고속버스 터미널에서 화물을 찾아오는 날은 더욱 힘이 들었다. 종일 다리품을 팔면서도 월급은 아주 적었다. 사회 초년생에게 너무나 가혹한 시련이었다.

그러나 힘이 들고 고생스러운 만큼 나름대로 보람도 있었다. 버스를 타고 대구 시내 곳곳을 누비며 지리를 많이 알게 된 것이다. 그때까지만 해도 시골뜨기 소녀로서 광활하고 낯선 도시가 두려웠는데, 이 일을 하면서 거대한 도시는 손바닥을 들여다보듯 훤했다. 때로는 무척 힘이 들어 그만둘까 생각도 했었지만, 여기서 쉽게 포기한다면 앞으로 나는 어떤 일도 해낼 수 없을 것 같았다. 그래서 이를 악물고 끝까지 버티기로 마음을 굳혔다. 시간이 흐르고 직장생활에 어느 정도 이력이 붙었을 때, 나는 퇴근 후에 취미활동으로 뜨개질을 하였다. 고달픈 일과를 뜨개질하면서 달래곤 했었다.

중학교 3학년 때 뜨개질을 배웠다. 농한기에 어머니에게 배운 적이 있었으나, '가정 · 가사' 과목 시간에 뜨개질의 여러 방법에 대하여 자세히 배웠다. 사춘기 시절, 뜨개질을 하면서 장래에 어머니가 된 나를 그려보곤 했었다. 내가 즐겨 뜬 것은 머리띠와 벙어리장갑이었다. 특히 국화빵 모양의 예쁜 꽃을 떠서 단 머리띠와 장갑은 친구들에게 늘 인기가 많았었다. 졸업앨범 속에서 나는 그 머리띠를 한 채 소녀의 모습으로 남아 있다.

뜨개질 실습이 있던 날이었다. 반 친구가 뜨개 가방을 의자 위 등 뒤에 얹어 놓았는데, 부주의로 날카로운 코바늘이 항문 주위를 뚫고 들어가는 사고가 발생했다. 친구들은 모두 놀랐고 선생님께서도 크게 염려하셨다. 친구는 무척 고통스러워했고 운동장에 세워 둔 손수레에 친구를 조심스럽게 태워서 읍내 보건소로 달렸다. 지금 생각해도 아찔한 기억이다.

뜨개질은 친구들과 함께 애태웠던 아쉬운 학창시절의 추억을 떠올리기에 충분했다. 나는 잠들기 전까지 한 줄도 좋았고, 두 줄도 재미있었다. 가끔 업무량이 적은 날에는 한 뼘 정도 뜨기도 했다. 마침내 길고 멋진 목도리가 탄생하였다. 나는 기뻤다. 힘이 들었지만 인내하는 마음이 한 줄 한 줄 코바늘로 땀의 결실을 맺은 것이다. 그 날 이후 나는 하늘빛 목도리를 매일매일 두르고 다녔다. 목도리가 있으므로 춥지 않았다. 목도리를 만지면 어머니 품속을 느끼듯 따뜻했다. 그만큼 내게는 중한 목도리였다.

어느 날, 납품할 일이 있어서 기공소에 다녀오게 되었다. 버스는 학교 앞 정류장에 멈추었고 수많은 학생들이 벌떼처럼 올라탔다. 순식간에 버스는 만원이 되었고 사람들은 이리저리 밀렸다. 버스 기사는 배차시간을 맞추기에 급급하여 가속으로 질주했다. 그러다가 신호등에 걸리면 급브레이크를 밟곤 했다. 회사에 도착할 때까지 수십 분간 곤혹을 치렀다. 버스에서 내려 지친 몸을 이끌고 사무실로 향했다. 그러다 갑자기 목도리가 없어진 것을 뒤늦게 알게 되었다. '어머, 내 목도리?' 하고 돌아보니 버스는 떠난 뒤였다.

내가 탔던 버스 번호를 기억하고 혹시나 그 버스가 다시 오지 않을까 반대편 정류장에서 기다렸다. 얼마나 기다렸는지 모르겠으나 같은 번호의 버스가 정차를 했다. 운전기사에게 사정을 이야기하였더니 올라와서 찾아보라고 했다. 그러나 목도리의 흔적은 어느 곳에도 없었다. 허탈한 마음으로 버스에서 내렸다. 그리고 무작정 또 기다렸다. 그렇지만 다음 버스도, 그 다음 버스에도 소중한 목도리는 없었다. 별 도리가 없었다. 잊는 수밖엔. 그렇지만 잊으려고 하면 할수록 더욱 더 목도리가 눈에 아롱거렸다.

우울한 마음으로 하루 일과를 마치고 사무실을 막 나서려고 하는데 사장님이 불쑥 포장된 꾸러미를 건네주며 격려를 아끼지 않았다. "여보게. 자네가 잃어버린 목도리가 가게에서 산 것이었다면 내가 이렇게 선물을 하지 않았을 것이네. 하지만, 자네가 밤늦도록 손수 뜨개질하여 만든 공이 안타까워 내가 조그만 선물을 준비했네. 그만 훌훌 털어 버리게나." 언제나 두르고 다녔던 목도리를 잃어버린 것을 알고, 사장님은 나의 마음을 읽고 있었던 것 같았다.

대문 난간에 있던 목도리를 주워 들고 웃음이 나온다. 목도리를 찾아 헤매던 그 시절이 새삼스러워진다. 남을 위한 조그만 배려가 이렇게 커다란 기쁨을 줄 수 있다는 것을 다시 한 번 느낀다. 아이는 자신의 목도리를 받아들고 좋아라 목에 두르고 마당에서 나비 흉내를 내고 있다. 헌 스웨터를 풀어놓은 실꾸리로 다시 국화빵 모양의 꽃을 떠서 목도리에 달아보고 싶다. 나는 겨울의 끝자락에서 얼음꽃 필 새로운 겨울을 느긋하게 기다리며 목도리를 한 번 더 짜고 있다.

■ 수필사랑 동인지 제5집 《바람꽃》 2004.

운수 좋은 날

저녁이 되자 학원에 갔던 작은아이가 돌아왔다. 작은아이는 타고 갔던 자전거를 부리나케 세워두고 숨이 턱에 차도록 달려오더니 손을 내민다.

"엄마, 나 천 원 생겼어요. 어떤 할머니가 고맙다며 주셨어요."

아이에게서 자초지종을 듣고 나서 참으로 대견스럽고 착한 아들이라는 생각에 따뜻하게 포옹을 해주었다. 아이가 학원을 가던 길에 연로하신 할머니 한 분이 쌈짓돈을 흘리고 가더란다. 아이는 그 돈을 주워서 서슴지 않고 할머니에게 건네주었다고 했다.

오래 전의 일이었다. 어머니는 남산동 네거리의 한 모퉁이에서 멍게 장사를 하셨다. 아침 일찍 도매시장에 가서 싱싱한 멍게를 사다 놓으시고, 잡다한 집일을 마친 후 장사를 하셨다. 어머니는 저녁노을이 붉게 물들 무렵부터 장사를 시작해서 새벽까지 일을 하셨다. 어려운 살림에 사남매를 공부시키느라 그러잖아도 왜소한 키가 점점 줄어드는 것 같았다. 작달막한 체구지만 어머니의 몸놀림은 놀라울 만큼 재발라서 나는 감히 흉내조차 낼 수 없다. 어머니의 친절하고도 넉넉한 인심 때문이었는지 찾아오는 단골손님도 제법 많았다.

어머니께서는 몸이 무척 편찮으셔서 우리들이 오늘 하루만이라도 쉬었으면 하고 만류하는 날도 이 정도 가지고 무얼 그러냐고 하시며 기어이 장사를 나가시곤 했다. 먹고살기 위해서 웬만큼 아픈 것은 내색을 안 하시며 당신께서는 쇳덩어리라고, 걱정하지 말라고 항상 입버릇처럼 말씀하셨다. 그만큼 당신의 건강 따위는 안중에 두지 않으셨다.

어느 날, 어머니께서 장사를 나가시고 여름밤은 점점 깊어갔다. 어머니는 지쳐서 신발조차 천근만근이었다. 밤이 깊어 손님들은 하나둘씩 자리를 뜨기 시작했고, 맨 나중에 일어선 손님 한 분도 계산을 치르고 비틀거리며 걸어갔다.

어머니께서는 자주 오시는 단골손님의 안위가 염려되었으나 그저 지켜볼 수밖에 별다른 방법이 없었다. 가물거리듯 멀어져 가는 마지막 손님의 그림자가 보이지 않자 어머니도 슬슬 귀가 준비를 서둘렀다. 포장을 걷고 재료와 기물들을 정리하던 어머니가 바닥에서 무언가를 발견하시고 주워 든 것은 분명 두툼한 지갑이었다. 어머니는 순간 놀라서 손과 가슴이 떨렸다. 두근거리는 가슴을 쓸어내린 다음 슬그머니 지갑을 열어 보았다. 지갑 속에 큰 액수의 돈이 들어 있음을 확인하는 순간 까맣던 밤하늘이 샛노랗게 변했다.

'이 정도 액수면 내가 한 달 꼬박 벌어야 만져 보는데……' 어머니의 가슴은 울렁거렸고 머릿속이 복잡해 현기증이 났다. 어머니는 돈지갑을 얼른 앞치마에 넣었다. 그리고 손수레를 끌고 집으로 향했다.

어머니는 날이 밝도록 잠을 이루지 못하신 듯했다. 날이 밝자 지갑의 주인을 찾아야겠다고 생각했으나 고민은 계속되었다. 장사를 하러 나갈까 말까, 어떻게 찾아줄까 하다가 그만 저녁 시간이 되었다. 어머니는 다시 장사를 나가셨다. 그리고 지갑 주인이 찾아오기를 기다렸다. 모른 척 써 버리면 그만일 수도 있겠지만, 살다 보면 언젠가 자신도 소중한 물건을 잃을 때가 있지 않을까 생각하신 것이다. 잃어버린 사람의 애끓는 심정을 헤아린다면 도저히 남의 돈을 꿀꺽할 수 없는 노릇이다. 어머니는 지갑의 주인을 기다리고 또 기다렸다. 밤이슬 맞으며 기다린 보람이 있었다. 단골손님이 다행스럽게도 찾아왔다. 그 손님은 지갑에 대해서 아무 말이 없었다. 어머니가 먼저 말을 꺼냈다.

"저어－. 손님, 혹시 어제 지갑 잃어버리지 않으셨습니까?"

"아, 예－. 제가 어제 좀 과음을 해서……. 죄송합니다. 그리고 찾아주셔서 고맙습니다. 실은 그 돈은 어제 거래처에서 수금한 돈이었습니다. 요즘 불경기라서 천신만고 끝에 받았었지요."

그 남자는 빙그레 웃으면서 연신 고맙다고 했다. 어머니께서 그 돈을 돌려주지 않았더라면 마음 편히 지내지 못했을 것이다.

사람의 앞일은 아무도 모르는 것이다. 누구나 살다 보면 안타깝게도 이와 같은 분실 사고가 발생할 수 있고, 또 당연히 주인을 찾아주는 것이 인간의 도리이리라. 견물생심이라 했다. 사람이면 누구나 쉽게 유혹을 당할 수 있지만 양심을 지키는 일은 정말로 거룩한 것이다. 잠시나마 갈등했던 어머니는 오히려 부끄러워하셨다.

■ 수필사랑 동인지 제6집 《수필사랑》 2004.(겨울)

북상 형님

우물가에서 푸성귀를 씻는 형님의 젖은 맨발이 애처롭다. 낡은 슬리퍼를 신은 형님의 한 쪽 엄지발가락이 까마중 열매처럼 까맣게 타들어 가고 있다. 형님의 아픈 발가락은 내가 유년시절에 배고파서 따먹곤 했던 까만 열매처럼 보인다. 돌담 아래 한 곳에 뿌리를 내린 채 해바라기를 하며 서풍에 흔들리다 저 혼자 낙하하는, 보잘 것 없는 까만 열매를 보면서 형님의 원초적인 모성애를 깊이 느낀다.

가마솥의 열기에 온몸이 녹아내린다. 나는 바싹 마른 땔나무를 연신 집어넣으면서 비 오듯이 흐르는 땀을 손등으로 훔친다. 절후상으로는 분명 초가을이지만 한낮의 폭염은 찜통더위 못지않다.

이제 국수를 넣어 익기만 하면 '어탕국'이 완성된다. 드디어 나는 커다란 은빛 양동이에 바가지로 국을 퍼서 미리 차려둔 식탁에 한 그릇씩 퍼담아 놓는다. 우리 '매초 가족'들은 숲 속의 정자에 둘러앉아 수승대의 거북바위 쪽으로 흐르는 물줄기를 바라보며 '역시 이 맛이야' 하고 연신 감탄을 한다.

이마에는 한결같이 땀방울이 송골송골 맺혀 있다. 북상 형님을 도와 어탕국을 만든 보람이 느껴지는 순간이다. 맑은 숲 속 정자에서 어탕국을 먹고 있노라면 조금 전까지 고생한 기억은 모두 사라지고 내가 바로 신선이 된 느낌이다. 어탕국은 역시 북상 형님이 끓여야 제맛이다. 형님은 해마다 한 번씩 매초 가족*들이 어탕국 맛을 볼 수 있게 해 주신다.

형님은 먼저 싱싱한 미꾸라지를 준비하신다. 그런 다음 장작불 가마솥에 푹 삶아 으깨어 살점과 가시를 발라낸다. 미리 준비해 두었던 숭채와 제피(산초) 가루를 넣은 후 간을 맞추고 다진 마늘, 붉은 고추, 파 등의 양념을 넣고 푹 끓인다. 마지막으로 국수를 넣어 저으면서 한 번 더 끓이면 누구도 모방할 수 없는 최고의 어탕국이 만들어지는 것이다. 문중의 연례행사인 벌초 때마다 어탕국을 끓이시는 형님의 수고가 있기에 그 많은 군사들이 즐겁고 맛있게 음식을 먹으며 담소를 나눌 수 있는 것이다.

형님은 참으로 인정이 많으시다. 매초 가족들은 모두 정이 많고 따뜻한 사람들이지만, 북상 형님의 남다른 애정은 어느 누구도 못 따른다. 유난히 눈물도 많고 마음이 여린 분이시다. 나는 형님의 그런 마음씨가 참 좋다. 도회지에 살면서는 형님 같은 사람을 만날 수가 없다. 메마르고 황량한 도시에서 살다가 형님을 만나면 다른 세상에 온 듯한 착각에 빠지곤 한다. 형님은 온갖 집안일을 도맡아

하시며 아들 셋의 뒷바라지를 위해 공단에 돈을 벌러 나가신다. 몸이 예전처럼 성치 않아 여기저기 쑤시고 아픈데도 아침식사도 거른 채 출근을 하신다.

형님의 어머니, 그러니까 나에게는 둘째 시숙모님 되시는 분은 몸이 많이 편찮으셨다. 그래서 형님이 학생시절부터 어린 남동생 셋을 키운 셈이다. 그 어렵고 힘든 처지에서도 집안일을 도맡아 하셨다. 우리 시아버님이 남겨주신 작은 논을 경작하여 가을이면 쌀 가마니를 보내 주신다. 고향을 떠나 대도시에서 살아가는 우리 부부에게 벼가 익어가는 모습, 형형색색의 빛깔로 아름다운 추억을 느낄 수 있게 해주시니 무엇으로 감사함을 보답하랴.

산초처럼 옹골차던 형님께서 이제는 허리도 제대로 못 펴는 듯하여 마음이 아려온다. 그러면서 형님이 애써 가꾼 감자, 고구마, 옥수수, 양파 그리고 값비싼 표고버섯까지 사양하지 않고 다 받아오는 나는 염치없는 사람이다. 풍상고초風霜苦楚를 겪어 주름진 형님의 얼굴을 똑바로 대할 면목이 없다. 나에게는 고향 같고 친정어머니 같은 분이시다. 형님은 사촌 올케인 나를 동생처럼 예뻐해 주신다. 특히나 손자가 귀한 문중에 아들 둘을 낳아 주어 기특하다고 하시며 칭찬을 하신다.

우물가의 표고버섯 밭에는 오이 넝쿨이 햇살에 싱그럽다. 형님은 싱싱한 것으로 따먹어 보라고 권하신다. 오이 덤불을 만지니 가시가 따끔따끔하게 찔러댄다. 물에 헹구어 한 입 베어문다. 입 안 가득히 퍼지는 오이 향처럼 넘쳐나는 형님의 사랑이 내 몸에 쫙 스며든다. 형님이 이곳에 계시기 때문에 우리 시댁의 문중 사람들은 모두 행복하다. 오직 베푸는 기쁨으로 살아가시는 형님의 마음이 한 송이 백합처럼 그윽하게 피어난다. 피붙이라면 누구를 막론하고 사랑을 베푸시니 그 숭고함이 주변에 그윽하다.

* 매초 가족: 고구려 영양왕 때 명장名將이며 진주 강씨晉州姜氏 시조始祖이신 강이식姜以式 장군(병마도원수兵馬都元帥)의 후손. 현재 박사공파 27대와 28대 손으로 이루어짐.

■수필사랑 동인지 제6집 ≪수필사랑≫ 2004.(겨울)

노파

새마을금고에 들렀다. 이태 전, 사업 때문에 계약했던 대출 약정일이 만기가 되어 재계약을 해야만 했다. 금고측은 본인의 인감증명서를 비롯한 여러 가지 구비서류를 요구했다. 오전부터 서둘러 동사무소에 달려가 서류를 갖추었다.

금고에 들어서면 언제나 직원들과 반갑게 인사를 나눈다. 내 집 같은 느낌으로 자주 찾고, 아이들도 오가며 율무차를 한 잔씩 뽑아 먹곤 한다.

이른 아침이라 사람들의 발길이 끊이지 않았고 상담 창구는 북적거렸다. 서류를 쥐고 줄을 선 채로 한참동안 기다렸다. 상담 창구 직원이 다른 고객과 상담을 하던 중이었다.

이윽고 내 차례가 가까워져 고객 대기실 의자에 앉아 기다리고 있는데 한 노파가 들어왔다. 각자 자기 업무에 바쁜 금고 직원들은 노파에게 신경 쓸 겨를이 없었다. 고객들도 다들 자신의 일에 몰두하고 있었다. 노파는 머리 위에 떡시루를 이고 들어와 바닥에 내려놓으며 말했다.

"아주머니, 마수 좀 해주이소."

처음엔 건성으로 내뱉듯 들렸다. 주위는 잠잠했다. 직원들도, 고객들도 모두 반응이 없었다. 그러자 노파는 이번에는 조금 더 애원하듯 말했다.

"오늘 아침 마수 좀 해주이소."

순간, 직원들의 눈길이 일제히 노파에게로 쏠린다. 아침부터 기분을 상하게 만든다고 꾸짖는 듯 무언의 눈빛으로 응시한 후 다시 일을 계속했다.

그렇게 십여 분이 흘렀다. 노파는 계속 그 자리에서 떠날 줄 몰랐다. 창구 앞에서 곁눈질로 지켜보면서 상담 차례가 돌아오기를 초조하게 기다릴 뿐이었다. 사람들은 모두 그렇게 무관심했다.

"아주머니, 제발 마수 좀 해주이소."

깡마른 체격에다 남루한 옷차림새가 힘들게 살아가고 있음을 암시했다. 노파의 거듭된 애원에 아무도 손길을 내밀지 않았다.

떡값이 비싼 것도 아닐 텐데 어느 누구도 관심을 기울이지 않았다. 애써 외면하려고 한 것 같았다. 노파는 주위를 머뭇거리며 살핀 후, 그제야 더 이상 소용없다는 것을 알아차린 것 같았다. 바닥에 내려놓았던 떡시루를 다시 치켜 올려 머리에 이고 금고를 빠져나갔다. 그 노파가 나가는 순간 금고의 여직원이 말꼬리를 흐리며 한 마디 했다.

“안녕히 가세요.”

노파가 금고를 빠져 나간 뒤에도 모두 각자의 일로 분주할 뿐이었다. 나의 차례가 돌아왔고 상담직원과 상담을 했다. 직원은 컴퓨터로 잠시 신용조회를 하고 나서 예전의 금액만큼 대출해 줄 수 없다고 했다. 경기가 침체되어 많은 금액은 허용이 안 된다고 단박에 못을 박았다.

“액수를 조금만 더 올려주세요.”

나의 부탁은 두부 잘리듯 거절당했고 대출 금액이 반액으로 하향조정 되었다. 순간 좀 전의 그 노파가 떠올랐다.

떡을 팔아달라고 애원하던 노파와 내 모습이 무엇이 다를까? 노파는 생계를 유지하기 위해 떡을 팔러 다니며 애원을 했고, 나는 남편의 사업자금을 위해 대출을 해달라고 애원하고 있으니…….

아무리 애원해도 안 되는 것은 안 되는 것이다. 우리는 살아가면서 때때로 누구에게 도움을 요청한다. 그러나 그 부탁을 들어주는 사람이 과연 몇이나 될까?

우리 아이들도 나에게 언제나 수많은 요구를 한다. 이거 사 달라 저거 사 달라 또는 이것저것 해 달라 한다. 하지만 그 때마다 무턱대고 해 줄 수는 없는 것이다. 상황에 따라 해 줄 수 있는 것이 있고 없는 것도 있다. 거절당하는 처지도 서운하지만 거절하는 처지도 안타까운 것이다. 어떠한 부탁이든 무턱대고 다 들어줄 수는 없는 것이다.

특히, 신용보증이라든가 담보 같은 것들은 분명히 위험한 일이다. 그러므로 우리는 어려운 일이 생겼을 때 현명하게 대처해 나갈 수 있는 지혜와 힘을 길러야 할 것 같다. 하지만 노파에게 떡 한 쪽을 팔아주는 일이 그리 어려운 것은 아니었을 텐데…….

■ 2003.

아욱국

요즘 나도 모르게 흥얼거리는 노랫말이 있다.

"아욱국은 드셨누? 삼짇나물은 잡샀누?……"

이 노랫말은 내가 어느 가수의 노래를 약간 바꾼 것이다. 왠지 이 노랫말이 정겨워 하루에도 몇 번씩 되뇌면서 신명나게 설거지를 한다. 그도 그럴 것이, 얼마 전에 백내장 수술을 한 친정어머니의 건강이 이제는 어느 정도 회복이 되었기 때문이다. 그동안 어머니께서 힘들어 하는 모습을 지켜보며 마음이 무거웠다.

먹고 사는 일이 점점 떨어지는 시력보다 중요하단 말인가. 어머니는 환갑이 지난 지금도 손에서 일을 놓지 않고 있다. 아침 6시, 출근을 서두르는 어머니를 생각하면 곤히 자다가도 벌떡 일어나곤 한다. 젊은 내가 노모보다 게으른 것 같아 부끄럽기 짝이 없다.

"엄마, 이제 그만 하시고 놀러 다니세요."

"놀면 뭐하누? 더 늙기 전에 한 푼이라도 모아 두어야 우리 두 영감 할마이 먹고 살지."

그저 자나 깨나 자식들한테 짐이 되지 않겠다는 각오와 손자들에게 용돈 줄 생각뿐이다. 부모는 그렇게 자신의 입에 들어가는 것조차 아까워하며 하나라도 더 나눠주고 싶어 안달이다. 하지만 자식들은 제 살기 바빠서 이 핑계 저 핑계로 부모에게 소홀하게 대한다. 고작 한다는 것이 전화를 드리는 것이 전부다. 한 달에 한 번 찾아뵙는 것조차 버거워 한다.

입동을 하루 앞두고 어머니가 전화를 하셨다.

"내 수술 날짜가 잡혔다. 해서 말인데 예약을 해놓고 왔다. 내일 수술하는 날인데 보호자를 꼭 데리고 오라고 하는구나! 함께 가 줄 수 있겄냐? 하필이면 니 아버지가 내일 일하러 가게 되어서 부득이 알릴 수밖에 없게 되었구나. 아무에게도 얘기 안 하려고 했는데……."

"그럼요, 걱정 마세요."

수술하는 날, 서둘러 아침밥을 먹고 어머니에게로 달려갔다. 내가 병이 났을 때 달려오시던 어머니의 심정이 이러했을까. 밤새 마음의 안정을 찾지 못하고 뜬눈으로 보내신 어머니는 어제 저녁도, 오늘 아침도 죽으로 끼니를 드셨다. 병원에서 그렇게 하라고 하니 어쩔 도리가 없겠지만 죽만 먹고 어떻게 기운을 차릴까 마음이 무거웠다.

수술실 밖에서 2시간을 기다렸다. 사람이 한 평생을 사는 동안 병들지 않고 살 수는 없는 것일까. 만약 그렇다면 세상에 '의사'라는 직업은 존재하지 않을 것이다. 대개 사람들은 건강할 때는 욕심이 많고 교만하기 쉬운데, 신神께서 한 번씩 전주곡을 울리면 겸손해지는 것 같다. 마침내 수술은 잘 되었고 어머니는 간호사의 부축을 받으며 회복실로 향했다.

어머니는 수술 후 며칠 동안 기운이 없었고 입맛도 잃었다. 수술한 눈의 통증 때문에 밤잠을 설쳤다. 육식을 전혀 못하는 어머니를 위하여 내가 할 수 있는 것은 고작 야채를 데치고 끓이고 무치는 것뿐이었다.

며칠이 지났건만 어머니는 여전히 입맛을 찾지 못했다. 그러던 차에 내가 아욱국을 끓여서 맛을 보여드렸다. 그리고 아침에 아이들과 남편도 한 그릇씩 거뜬히 먹고 나갔다며 자랑을 했다.

"엄마, 가을 아욱국은 문을 잠가 놓고 먹는대요. 한 번만 드셔 보세요."

어머니는 딸의 권유를 뿌리치지 못해 한 수저 떠서 맛을 보았다. 그리고 한 그릇을 다 드셨다. 아욱국이 아직 많이 있으니 좀 가져갈 것을 권했으나 어머니는 아직도 입이 떫어 맛을 잘 모르겠다며 끝내 사양을 하였다. 못내 서운한 생각이 들었고, 우리는 남은 아욱국을 먹어 치우느라 이틀이 걸렸다.

아욱국이 겨우 반 사발 정도 남았을 때였다. 어머니로부터 전화가 걸려왔다.

"아욱국 아직 남았냐? 있으면 좀 다오."

부랴부랴 채소가게로 뛰어가 아욱을 찾았으나 없었다. 다시 뛰어서 근처 마트로 갔다. 그곳에도 역시 아욱은 없었다. 집 근처 몇 군데 가게를 뒤졌지만 아욱을 구하지 못하고 허탈하게 빈손으로 돌아왔다.

잠시 후 어머니는 병원 가는 길에 들러 남은 아욱국을 드셨다. 더 드시고 싶어 하는 마음을 읽으며 가슴이 아렸다. 다음날 저녁, 다시 할인점에 들렀다. 운이 좋았는지 아욱이 딱 두 봉지 남아 있었다. 너무나 반가웠다. 그 중에 한 봉지를 맛나게 끓여 어머니에게 좀 드리겠다고 했다. 어머니는 뜻밖에도 싫다고 하셨다. 무척 섭섭했다.

"그러면 한 봉지 가져가서 나중에라도 드시고 싶을 때 끓여 잡수세요."

"됐다. 너나 먹으렴. 애들이 잘 먹잖냐."

끝까지 가져가지 않겠다고 우기시는 어머니께 서운함을 느끼며 한마디 던졌다.

"엄마, 나도 이제부터 엄마가 주시는 것 하나도 안 받아 올랍니다. 내가 안 받아갈 때 그 기분이 어떤지 느껴 보세요. 있으면 있는 대로, 없으면 없는 대로 서로 나눠 먹으면 좀 좋아요."

"오냐. 그럼, 가져가마."

어머니는 그저 넉넉하지 못한 딸자식의 살림이 좁쌀만큼이라도 줄어들까 싶어 거절하셨지만 마지못해 보따리에 챙겨 넣었다.

며칠 뒤였다. 꼭두새벽에 어머니로부터 전화가 걸려왔다. 나는 어머니의 전화를 받고 놀랐다. 아니 너무 갑작스러워 대답을 잃었다.

어머니는 그동안 딸자식의 마음 씀씀이에 기뻤던 모양이다. 아버지와 상의해서 결정한 것이라 하고, 선물을 하겠다며 아침밥을 먹고 함께 어디를 가자고 했다. 어머니께서 나를 데리고 간 곳은 큰 전자대리점이었다. 그날 나는 어머니로부터 분에 넘치는 선물을 받았다.

부모님의 피와 땀이 어린 돈을 몇 번이고 거절했지만, 어머니의 간곡한 청을 이기지 못하고 큰 선물을 받았다. 그저 자식에게 베푸는 기쁨으로 살아가는 어머니를 바라보며 나는 내 자식에게 과연 얼마큼 깊은 사랑을 베풀고 있는지 돌이켜보았다. 자식을 통하여 내 삶을 보상 받고 싶어 하고, 대리만족이나 하려고 했던 나의 어리석음이여!

자식을 향한 조건 없는 사랑이야말로 가장 아름답고 성스러운 것이 아닐까. 해거름에 전화가 또 걸려왔다.

"어멈아, 내년에는 우리 마당에 아욱을 가득 키울란다. 그때 실컷 가져다 먹으려무나."

어머니의 사랑을 온몸으로 느끼며 오늘 저녁 밥상에 또 아욱국을 올린다. 둘이 먹다 하나 죽어도 모를 기막힌 이 맛! 어느 돈 많은 사람은 가재요리가 최고라 했지만 나는 아욱국이 제일이라 생각한다. 입 안에서 사르르 녹아드는 아욱국은 어머니의 마음처럼 구수하며 보드랍기 그지없다.

늘 안개가 낀 듯 어두웠던 어머니의 눈과 내 삶에도 빛이 들어 황홀했으면 좋겠다. 어머니께서 오래도록 건강하시어 해마다 피는 아욱꽃과 먼 하늘에 빛나는 별을 볼 수 있었으면 좋겠다. 또, 무지개와 그 밖의 모든 사물을 또렷하게 볼 수 있기를 간절하게 소망한다.

■ 2006.

명품

울산에서 살던 때이다.

초겨울에 들어서면서 아이들이 갑자기 아팠다. 유치원을 다녀온 뒤로 열이 급작스레 올라 온몸이 불덩이였다. 다급하여 택시를 타고 병원으로 갔다. 중구에서 태화교를 건너 남구에 있는 병원까지의 거리는 상당히 멀었다.

진료를 받고 병원을 나오는데 갑작스런 날씨 변화로 나는 당황스러웠다. 조금 전 병원에 도착했을 때와 전혀 다르게 폭우를 동반한 거센 바람이 불었다. 병원의 출입구에서 비가 그치기를 잠시 기다렸다. 그러나 날씨가 좋아질 것 같은 기미가 전혀 보이지 않았다.

저물기 전에 서둘러 집에 가야겠다고 생각했다. 집까지의 거리가 멀어 하는 수 없이 택시를 타기 위하여 승강장에서 기다렸다. 한참을 기다려도 택시가 없었다.

'가다 보면 오겠지.'

스스로 위로하며 조금씩 걸었다. 악천후 속에서 아이들을 데리고 걷기가 여간 힘들지 않았다. 연신 뒤돌아보면서 태화강변을 따라 조금씩 계속 걸었다. 아이들은 춥고 아프다면서 울기 시작했다. 나도 울고 싶은 지경이었다. 택시는 그날따라 한 대도 없었고, 날은 점점 어두워졌다.

바람이 더욱 세차게 불어 아이들과 나는 옷을 흠뻑 적시었다. 우산이 바람에 자꾸만 뒤집혔다. 무엇보다도 아픈 아이들이 걱정되었다. 철모르는 어린것들에게 너무도 가혹한 날이었다. 강변 둑길을 따라 걸으며 나와 아이들은 정말로 하늘을 미워했다. 아주 많이.

이내 날이 어둑해지면서 강변에 가로등이 하나둘씩 켜졌다. 그때, 짙은 불빛 그림자들이 내 앞으로 길게 늘어섰다. 그리고 자동차 한 대가 경적을 울리며 가까이 다가왔다.

돌아보니 낯선 젊은이가 어디까지 가느냐고 내게 물었다. 내가 대답을 하자마자 가는 방향이 비슷하니 태워주겠다며 빨리 탈 것을 권했다. 젖은 옷을 생각할 겨를도 없이 얼른 탔다. 조금 전까지의 상황을 이야기해 주었더니 젊은이가 말했다.

"저도 아이를 키우는 아빠인데 그냥 지나칠 수 없었어요."

젊은이는 제약회사의 말단 직원이었다. 하루 종일 약국마다 약품을 납품하고 퇴근시간을 맞추기 위해 서둘러 돌아가던 중이었다. 그는 아이들이 큰일 날 뻔했다며 마음 아파했다. 잠시 후, 그 젊은이는 태화교를 건너 중구에 내려주었다. 그리고는 잠시 차 한 잔 대접할 틈도 없이 쏜살같이 달아났다. 고맙다며 아이들과 나는 연신 손을 흔들어 주었다.

그 젊은이가 아니었다면 정말 어찌 되었을까? 생각만 해도 눈물이 핑그르르 돈다. 어디 사는 누구인지 이름도 모른다. 하지만, 그 젊은이가 아이들에게 베풀어 준 친절은 세상의 어떤 보석보다 아름답고 귀한 보배였다.

그때 나는 생애 최고의 친절을 만날 수 있었다. 그 순간을 아직도 잊지 못하고 있다. 각박한 도회지에 살면서 내가 받았던 크고 작은 친절은 고달픈 내 삶에 희망을 불어넣었다. 그래서 세상은 앞으로도 살아 볼만 한 가치가 충분히 있다고 생각했다.

낯선 젊은이가 베푼 작은 친절은 아름답고 커다란 별이 되어 나와 아이들 가슴 속에서 반짝이고 있다. 어려움에 처한 이웃을 보고도 애써 외면하려고 하는 현실 속에서 많은 사람들은 안타까워한다.

그러나 우리 사회의 곳곳에는 보이지 않는 작은 천사들이 있기에 따뜻할 수 있다. 젊은이의 친절은 동서고금을 막론하고 최대의 찬사를 받을 만큼 명품 중의 명품이었다.

그 젊은이에게 이 글을 바치고 싶다.

■ 2003.

회억의 책상

"여보, 가구점에 함께 갈래?"

고된 하루의 일과를 마치고 퇴근을 한 남편에게 불쑥 한마디 건넨다. 남편은 뜬금없는 소리에 의아해 한다.

"갑자기 왜?"

"당신한테 선물할 것이 있어."

남편의 양복 소매를 잡아끌며 가자고 조른다.

결혼식을 며칠 앞둔 여름날, 남편과 나는 셋방을 구하러 다녔다. 당시 남편은 비산염색공단 내 J회사의 전산실에서 근무를 했고, 나 또한 '배자못'*을 끼고 돌아앉은 S여고에서 근무를 했었다. 양가 집안 형편이 어려웠고, 그나마 둘 다 박봉의 월급쟁이가 된 지 얼마 되지 않은 사회 초년생이었다.

직장 근처부터 더듬기 시작하여 효목동 일대까지 온종일 다리품을 팔며 돌아다니다 가까스로 방을 구했다. 그리고 서둘러 신혼살림들을 옮기기 시작했다. 덩치 큰 가구들과 전자제품들을 먼저 배치하고 나니 남편의 책상과 내 책상을 놓을 자리가 부족했다.

살림살이들을 다시 이리저리 바꾸어 재배치를 했으나 책상 하나 간신히 들어갈 공간뿐이었다. 결국, 우리는 '누구의 책상을 버릴 것인가?' 하고 고민했다. 남편이 쓰던 책상은 의미가 깊다.

남편이 어린시절을 보낸 고향 거창에서 살 때, 돌아가신 시아버님께서 물려주신 유일한 유품이다. 당신께서 손수 제작해서 쓰시다가 남편이 일곱 살 되던 해 물려주시고 홀연히 하늘로 떠나셨다. 남편에게는 더없이 소중한 보물일 수밖에 없다. 아버지에 대한 아들의 그리움이었으니까.

나의 책상도 남편 못지않게 의미가 깊다. 가난한 농사꾼의 맏딸이 대구에 첫발을 디딘 것을 축하한다며 친정아버지께서 고등학교 입학 선물로 사주신 것이다. 어쩌면, 인문계로 보내주지 못하고 상업계로 보낸 미안함 때문이었을지도 모른다.

나는 아버지께서 사주신 책상에서 밤마다 일기를 썼고, 고향에 계신 부모님께 편지를 쓰며 객지에서의 서러움을 달랬다. 또한 은밀하게 대학 진학의 꿈을 키워 나갔다.

남편도 또한 그러했다. 공교롭게도 남편과 나는 같은 대학교에 진학을 하였고, 전산학電算學을 함께 전공한 특별한 인연으로 맺어졌다.

어느 한쪽도 절대로 양보할 수 없는 상황에서 남편이 양보를 했다. 열벙거지가 났을 텐데. 십수 해를 넘긴 지금에서야 생각해보니 내가 너무나 이기적이었다. 내 곁에는 지금도 양친兩親께서 든든한 버팀목이 되어주고 계시지 않은가. 한데, 남편은 일찍 아버지를 여의고 그 추억의 언저리마저 사랑하는 아내를 위해 맞바꾸었으니.

그러나 아이들이 자라면서 살림살이가 점차 늘어났고 이십 년 동안 간직했던 나의 책상도 얼마 전에 처분했다. 어쩔 수 없었다. 가슴에 묻고 살아가는 수밖에.

꿈을 품고 억척스럽게 살다 보니 이제는 방이 세 개 있는 집으로 이사했다. 아이들은 각각 책상을 하나씩 가졌다. 얼마 전에는 남편이 컴퓨터를 새것으로 사주며 "좋은 글 많이 써." 하고 미소를 지었다. 때때로 이기적인 아내를 위해 가장 소중한 유품을 바꾸었던 남편에게 나는 햇살 가득한 뜰을 선물하고 싶다. 남편에게 위로가 될지 모르지만.

* 배자못: 복현오거리에서 성화여고 방향에 있었던 못. 지금은 아파트단지로 변했다.

■ 2003. 10.

아름다운 미련

"여보, 오늘은 옷장 정리 좀 합시다."

오래 전부터 미루고 미루어 오던 일을 오늘은 해결하리라 작정하고 넌지시 남편에게 말을 건넸다.

"그래요. 이번에는 해결합시다."

남편은 장롱 문을 열어 제치고 주렁주렁 걸린 양복을 훑는다. 나는 서랍을 열고 옷가지들을 꺼내어 놓는다. 방안은 어느새 좌판을 벌여놓은 시장의 난전이 된다.

수 년 동안 해묵어서 낡고 닳아 남 보기에도 민망한 옷가지들이 긴장에 휩싸인다. 오늘로써 결국 생을 마감하게 될지 모른다는 생각에 널브러진 옷들은 각오를 단단히 하고 주인의 처분만을 기다리는 듯하다.

10년이면 강산이 변한다 했는데, 우리 부부는 결혼한 지 수 년이 지나도록 오랜 습성을 쉽게 바꾸지 못하고 있다. 매년 계절이 바뀔 때마다 그만 정리하자고 약속을 하면서도 꺼내 놓았던 옷가지를 다시 집어넣으면서,

"빨아 놓은 것이 아까우니 이번 한 번만 더 입고 버립시다."

"이것은 당신이 선물한 것인데 어쩌지. 아깝다!"

그러기를 수차례 반복하면서 살아왔다. 남들이 보면 쓰레기에 불과한 고물들을 '추억이 담겨 있다' 혹은 '아깝다'는 핑계로 버리지 못하고 미적거리기 일쑤다. 그것이 애착인지 미련인지 모르겠다. 다만, 우리 부부가 모두 어려운 집안에서 자랐고 아까운 것이 무엇인지를 잘 아는 공통점을 가진 것은 분명하다.

새것을 사는 데 있어서도 인색하다. 큰아이 것은 작은아이에게 대물림을 한다. 그리고 큰아이는 또 시댁이나 친구들에게 대물림을 받는다. 작은아이 것은 또다시 친정 조카들에게 대물림을 한다. 가끔 신경이 예민해지고 울적한 날은 모든 것이 하찮게 느껴져 모두 내다버리고 싶은 충동이 올라온다. 그럴 때마다 나는 친정어머니를 떠올린다.

어머니는 내가 어렸을 때나, 결혼을 하고 두 아이의 엄마가 된 지금이나 늘 변함 없는 모습을 보여 주신다. 낡은 옷들은 모두 모아 고물상에 가져가 용돈으로 바꾸어 오시고, 웬만큼 입을 만한 것은 헌옷 수집상에 가져가서 또다시 현금으로 바꾸어 오신다. 바쁜 농사철에도 해진 양말이나 터진 옷가지들을 꿰매는 일에 소홀한 법이 없었다.

어머니의 절약하시는 모습을 보고 자라서 그러한지 나 역시 터진 옷을 그대로 두지 못한다. 더구나 내의內衣는 보이지 않는다는

이유로 완전히 떨어질 때까지 입는다.

나와 친분이 있는 사람들은 이를 두고 지지리 궁상을 떤다며 우리 부부의 자존심에 금을 긋는 말도 한다.

“옷 좀 사 입어라. 그래 봐야 누가 알아주나?”

“저 고물 이제 버려도 되겠다.”

남편과 나는 그런 말을 들을 때면 기분이 썩 좋지는 않다. 그러나 모든 살림살이에는 남편과 나의 추억이 스며 있기에 미련이 있을 수밖에 없다. 하나부터 열까지 그 살림들 속에는 우리 부부의 노력과 땀이 배어 있다. 또한, 애환도 함께 들어 있다.

때로 토닥거리며 싸울 때 그것들을 보면서 우리는 힘들게 살아온 삶을 서로 보듬어 안으며 입맞춤을 한다. 행복은 언제나 우리의 일상 속에 그렇게 가까이 숨어 있다. 아름다운 미련 때문에 우리 부부는 쉽게 화해할 수 있고, 서로의 아픈 상처를 치유해 주는 마음을 가질 수 있었던 것 같다.

■ 수필사랑 동인지 제5집 《바람꽃》 2004.

기다림

하루 일과를 끝내고 양치질을 한다. 초점 없는 시선으로 거울 속의 내 모습을 들여다보며 온종일을 되돌아본다. '좀 더 잘할 수 있었는데…….' 아쉬움과 후회가 밀물처럼 몰려온다.

나 자신뿐만 아니라 아이들과 남편 그리고 부모님께도 나를 온전히 바치지 못했던 것 같다. 결국, 오늘도 나를 비우는 데 실패한 것이다.

내일은 오늘보다 더 많은 수고를 아끼지 않으리라 생각하며 입안 가득 부푼 거품을 뱉어버린다. 내 삶 속에 비집고 들어온 쭉정이 같은 낟알들이 흐르는 물에 희석되어 어두컴컴한 구멍으로 사라진다.

'철컥' 소리가 나더니 현관문이 열린다. 기다리던 남편의 늦은 귀가다. 젖은 손을 닦고 나오는 나에게 그는 장난을 건다. 거나하게 술을 마시는 날은 나의 남편이 아닌 것 같다. 평소의 담담하고 무뚝뚝한 표정은 어디로 가고 심술궂은 아이가 된다.

오늘도 역시나 나의 눈치를 살피며 재롱을 떤다. 그런 그가 밉고도 귀엽다. 아니 너무도 애처로워 측은지심이 우러난다.

가엾은 사람! 무언의 눈빛으로 그를 껴안으며 연민을 느낀다. 철모르던 일곱 살에 아버지를 잃은 아픔은 마흔이 넘은 지금까지도 그림자처럼 그에게 머물러 있다. '무엇이 그리 급하셨을까?' 그는 그렇게 아버지에 대한 애틋한 그리움과 끝없는 원망으로 지금까지 살아 왔으리라.

그의 눈빛은 이 밤에도 촉촉하게 젖는다. 백열등 불빛 아래서 야윈 얼굴이 더욱 슬퍼 보인다. 가난이 처음부터 존재했다면 차라리 좋았을 것이다. 그는 가풍이 엄한 진주 강씨晉州 姜氏 사람으로 박사공파의 후손답게 부유한 집안에서 태어났다.

그는 자기 딴에는 잘해 보겠다고 용을 쓰면서 여러 번 도전을 했지만 번번이 실패했다. 아버지 복은 없다 치더라도 다른 복은 누리면서 살아야할 터인데 무슨 업보가 그리 많은 것인지. 홀어머니와 토끼 같은 두 아들, 여우 같은 마누라의 입에 풀칠하기가 이토록 어렵더란 말인가. 부모에게 불효요 아내와 자식에게 못난 가장의 모습을 차마 보이기 싫었을 것이다.

그는 종일토록 동서남북을 돌아다니며 종횡무애로 다니다가 녹초가 되어 돌아왔다. 그런 그에게 내가 할 수 있는 일은 그를 따뜻하게 맞아주는 것이리라. 그런데 나도 사람이고 여자다 보니 때때로 해서는 안 될 말을 거침없이 쏘아 붙였으니 그의 가슴에 대못을 박아 놓은 셈이다.

"늙은 어머니한테 가서 쌀가마니를 받아 왔으니 기분 좋겠네요."

"……"

순간, 비아냥거렸던 내 몸에 전율이 일었다. 그 말을 하려고 작정했던 것은 아니었는데 이미 엎어진 물이었다. 그러나 현실은 피할 수 없는 것이다.

"나 역시도 친정 부모에게 용돈은 드리지 못할망정 생활비 받아 쓰는 것은 죽기보다 싫어요."

"미안해."

풍요롭게 살면 얼마나 좋을까? 칠순을 바라보는 시어머니와 친정아버지, 그리고 환갑을 맞은 친정어머니를 대면할 면목이 없다. 게다가 내 남자가 살아보겠다고 발버둥치며 지푸라기라도 잡으려 안간힘을 쓰는 모습을 두 눈 뜨고 볼 수가 없다.

IMF 때보다 더 어렵다는 지금의 경기 침체가 언제쯤 다시 회복될까. 대구지사와 백화점에 입주한 매장을 동시에 꾸려가기엔 역부족인가 보다. 맘모스 같은 거대한 업주들은 수익성이 낮아지면 생쥐 같은 매장을 1차적으로 경고하고 최후엔 퇴출시킨다. 그래도 우리는 밥을 먹고 살아야 하기에, 살아내야 하기에 어깨가 짓눌리는 고통 속에서도 참고 견디고 있다.

살다 보면 좋은 날도 반드시 오리라. 죽기 살기로 버티다 보면 양가 부모님께 웃음꽃을 피워드릴 수 있으리라. 삶이 우리를 속일지라도 노여워하지 말라던 시구詩句처럼 성내지 않으리라. 지금 힘겹다고 주저앉는 못난 모습을 보인다면 그것이 불효가 아니고 무엇이랴. 또한 자신을 어리석다고 비난하며 자학하는 일도 부모에게 불효한 행동이다.

부모님이 곁에 계신다는 것은 축복이다.

"돈은 있다가도 없고 없다가도 있는 법이다. 너희들이 그저 무사하기만을 바란다. 더 이상은 욕심 없다." 하시던 노부모老父母님들께 "저희들은 안녕합니다." 하고 문안인사를 올릴 수 있는 것만으로도 커다란 위안이 아니고 무엇이랴. 자식의 안녕을 기원하는 부모의 기대에 어긋나지 않도록 살아가자고 우리 두 사람은 뜻을 모으며 서로 부둥켜안는다. 이 한 고비를 또 넘기고 나면 내 남편도 좀 쉬어갈 수 있을는지.

입맛 없는 봄철에 노모께서 자식들을 걱정하며 보내주신 고로쇠 물 한 잔을 둘이서 나눠 마신다. 둘은 금방 어린아이와 같은 해맑은 웃음을 짓는다. 아흔의 노모가 칠순의 자식을 걱정하듯 자식은 늙어도 자식일 뿐임을 또 다시 느낀다.

속이 텅 빈 고목 같은 노부모라 할지라도 자식을 위하여 무엇인가 해줄 게 있다는 것은 불효자에게 유일한 위안이리라. 그것이 비록 자식의 가슴을 에는 칼바람 같은 아픔이고 부끄러운 재롱일지라도 또한 축복이리라.

부모에게 있어서 자식은 영원히 사랑스러운 재롱둥이이고, 미워할 수 없는 애물단지이며, 소중한 자신의 분신이기 때문이다. 그러므로 언제나 동구 밖 늙은 느티나무 같이, 때론 오지 않는 버스를 기다리는 나그네 같이, 묵묵히 자식을 위해 시간을 할애하고 계시는가 보다. 참고 견디는 그 마음이야 여북할까마는.

"아버지, 어머니! 오늘도 저희들은 안녕합니다. 조금만 기다려 주세요."

■ 수필사랑 동인지 제7집 ≪수필사랑≫ 2005.(여름)

편지 한 통

편지를 꺼내어 또 읽어본다. 몇 번을 읽어도 정겨운 편지다. 지난 1월, 머나먼 미국 FLORIDA주에서 'Phillip Yoon'이 보내왔다. 하얀 비둘기처럼 팔랑거리며 큰 바다를 건너 내 품에 오기까지 얼마나 힘이 들었을까. 생각할수록 가슴이 벅차다. 나는 편지를 받고 가슴이 울렁거려 그날 밤 잠을 설쳤다.

인터넷으로 편지를 주고받는 것이 일상화된 요즘 시대에 자필로 꾹꾹 눌러 쓴 편지를 받는다는 것은 드문 일이다. 빨간 우체통이 점점 사라지고 있는 지금 정말로 반가운 일이 아닐 수 없다. 더구나 바다 건너 이국에서 보내온 낯선 사람의 편지란 더욱 신비롭다.

나는 편지지에 편지 쓰기를 좋아한다. 그래서 편지지에 쓴 편지를 받을 때면 마냥 행복하다. 앞으로도 가능하면 편지지에 편지를 쓰고 싶다. 특별히 내가 아끼고 사랑하는 사람에게 만큼은 예쁜 편지지에 쓸 것이다. 우표도 골고루 준비해 두었다.

'Phillip Yoon'과 나는 독자와 작가로서 만나게 되었을 뿐이다. 그는 내 글 「밥」이 실린 동인지를 읽고 마음이 동하여 편지를 썼다고 했다.

그는 어렸을 때 고국의 고향에서 하루 밥 세 끼 배불리 먹지 못했다. 그래서일까. 그는 밥 없이는 못 사는 나의 솔직한 이야기에 더욱 관심과 애정이 갔던 모양이다.

'미국은 쌀을 무기로 세계를 지배하려고 든다.' 는 구절에 맞장구를 치면서, 그는 미국 현지의 실황을 전해주었다. 광활한 땅에 최대로 발전된 농기계로 생산되는 미국산 쌀과 우리나라 이천, 김해의 쌀에 대한 소견도 보태었다. 뿐만 아니라 한우와 미국의 황소에 대한 견해도 전해 왔다.

한국을 떠난 지 40여 년 되었다는 중년의 그 남자, 그는 오랜 세월 미국에서 살면서 자신이 누구인가 하고 깊이 고뇌하기 시작했다. 이제 그는 자신의 정체성을 찾고자 한국 문학에 관심을 가지기 시작했다.

그는 한국에서 발간되는 문예잡지를 어렵사리 구해서 읽고 또 감동받은 작품의 작가에게 편지를 쓰는 일이 즐거움이 되었던 것이다. 한 편의 진솔한 글을 읽고 감상문과 함께 정성껏 편지를 쓴다는 것은 대단한 용기가 필요하다. 나는 수많은 작가의 글을 읽고 감동을 했으면서도 정작 작가에게 편지를 보낸 적이 한 번도 없다. 괜한 오해를 사지 않을까 염려한 까닭도 있지만, 실상은 내 자신이 바쁘기 때문에 각별하게 친한 사람이 아니고는 편지를 보내기가 쉽지 않은 일이다.

그렇지만 내 글을 읽고 편지를 보내준 독자에게 대단히 감사하게 생각한다. 다만 일일이 답장을 하지 못하는 것이 미안할 뿐이다. 어찌되었건 편지 한 통으로 독자와 서로 교감이 되었다는 사실만으로도 즐겁다. 또 더욱 정진해야겠다는 다짐을 하게 된다.

다만 나의 어쭙잖은 글 한 편이 어느 독자의 가슴에 희망이 되지 못하고 묻혀 버릴까 그것이 걱정스럽다. 사람마다 생각하고 느끼는 것이 달라 내가 쓴 글이 독자의 마음에 상처를 낼까 싶어 조심스럽다.

내 생애 처음으로 바다를 건너 온 'Phillip Yoon'의 편지, 그 편지를 가족과 문우들에게 읽어주었다. 독자에게 받은 편지를 주위 사람에게 읽어줄 수 있는 기쁨을 준 그에게 다시 한 번 감사를 드린다. 비록 낯선 사람에게서 받은 편지 한 통이지만 나에게 큰 용기와 감동과 기쁨을 안겨 주었다.

앞으로 더욱 독자에게 사랑받는 작가가 되도록 힘써야 할 것이다. 작가는 독자의 사랑으로 행복할 수 있으리라 믿어 의심치 않는다.

■ 2007.2.

제3부_종이 백합

나무가 있는 풍경 1

밤바람이 서늘하다. 뜰에 핀 붉은 과꽃은 달빛을 머금어서 자태가 더욱 아름답다. 높은 하늘엔 흰 구름이 정처 없이 흐르고, 내 마음은 나도 모르게 고향집 뜰을 서성인다. 이런 밤이면 도토리묵 생각이 간절하다.

찬바람이 불면 도토리묵을 쑤시던 젊은 어머니가 손짓을 한다. 어머니 옆에서 아궁이에 불을 지피고 있는 어린 내 모습이 보인다. 가마솥에서 걸쭉하게 끓고 있는 도토리 풀을 나무 주걱으로 열심히 젓고 있는 어머니의 이마에 땀방울이 맺혀 있다.

해마다 가을이 오면 도토리는 어머니의 손을 거쳐 맛있는 도토리묵으로 태어났다. 고향집 뒤란에는 바위가 병풍처럼 펼쳐져 있다. 그 암벽을 타고 가까스로 오르면 참나무 군락이 있는데, 도토리가 모두 뒤란으로 굴러 떨어져 쌓이곤 했다. 방과 후, 곧장 집으로 달려와 뒤란에 쌓인 도토리를 줍는 재미가 쏠쏠하였다.

종종 도토리를 가지고 동생들과 구슬치기 놀이를 즐겼는데 참 재미있었다. 장독대 위의 광주리에는 토실토실한 도토리가 매일 조금씩 쌓였다. 어서 도토리묵을 만들어 주었으면 좋겠다는 생각이 뇌리를 스치던 날이었다. 철없던 나는 어린 막내 동생을 꼬드겨 뒷산에 올랐다. 광주리를 빨리 채우고 싶은 성급한 마음에 도끼를 들고 올랐던 것이다.

지금 생각해 보면 얼마나 묵이 먹고 싶었으면 그랬을까 하고 안쓰러운 마음이 든다. 아름드리 참나무들을 도끼로 한참 두드렸다. 아버지가 장작을 패던 도끼는 정말로 무거웠다. 젖 먹던 힘을 다해 두드릴 때마다 '후두두둑' 꿀밤 떨어지는 소리가 너무나 듣기 좋았다. 그 소리에 군침이 절로 돌았다. 흥이 나서 이 나무 저 나무 보이는 대로 두들겼다.

사람들의 욕심 앞에서 자연은 아픔을 다 참는다. 그땐, 그런 진리를 몰랐었다. 자연은 사람에게 끝없이 베푸는데 사람들은 욕심을 버리지 못하고 어리석은 짓을 자꾸만 한다. 나무는 들을 바라보며 열매를 맺는다. 풍년이면 적게 맺고 흉년이 들면 많이 맺어 동물과 사람들에게 양식이 되어 준다. 식물이 제 스스로 조절하며 다음해를 준비하는 섭리가 얼마나 경이로운가. 인간은 욕심 앞에서 그것을 망각한다.

갑자기 '윙-윙-' 소리가 들리는가 싶더니 벌떼의 공격이 시작되었다. 도끼를 휘두르다 말고 놀라서 도망치기 시작했다. 어린 막내 동생을 돌볼 겨를도 없이 도토리고 도끼고 다 버리고 비탈길을 좌르르 미끄러져 내려왔다. 하마터면 큰일 날 뻔하였다.

막내 동생은 어린 탓에 미처 도망칠 겨를도 없이 군데군데 쏘였다. 엉엉 울면서 내려온 동생을 보고 저녁밥을 짓던 어머니가 뛰쳐나왔다.

"아이고, 이게 뭔 일이여. 어디 얼마나 다쳤나 보자. 넌 왜 그런 쓸데없는 짓을 했어."

어머니의 불호령이 떨어졌고 동생의 머리는 된장으로 범벅이 되었다. 꾸중을 듣고 다시는 그런 짓을 안 하겠다고 약속하는 것으로 그날의 악몽은 마무리가 되었다. 결과는 어찌 되었건 도토리를 따던 그 과정은 정말 신이 났다. 삶이란 살아가는 가운데 그 순간을 즐기는 마음이 중요한 것 아닐까. 비록 아픈 추억이지만 돌아보면 아름답고 소중하다.

이 밤, 어린 시절의 추억에 잠시 젖어 행복한 마음이다. 고향을 떠나온 내게 이제는 꿈 같은 추억만이 내 가슴 속에서 일렁인다. 아, 언제나 그리운 고향의 냄새. 오늘밤 따라 그 속에서 놀던 때가 이토록 그리운 것일까. 별빛이 외롭게 빛나고 있다. 꿀밤 하나, 꿀밤 둘, 꿀밤 셋…….

창공의 별을 헤아리면서 내 마음의 광주리에 도토리를 모은다. 찬 겨울이 오기 전에 그리운 고향 땅을 다시 한 번 밟아 보고 싶은 이 간절함이여. 스산한 가을, 뒷산에서 데굴데굴 굴러 내려와 내 발끝에 채이던 도토리가 눈에 삼삼하다. 지금쯤 고향의 뒤뜰에는 도토리가 수북하게 쌓여 있을 텐데. 자연이 준 떨떠름한 도토리묵을 간절하게 먹고 싶은 가을밤은 깊어만 간다.

■ 2007.10.

나무가 있는 풍경 2

자전거를 탄다. 운동장을 한 바퀴 두 바퀴 도는데 바람이 휑하니 분다. 구름사다리 옆 벽오동나무에서 나뭇잎 조각배가 우수수 떨어져 날린다. 땅바닥에는 열매 꼬투리가 흩어져 나뒹군다. 철없는 아이들이 쉬는 시간에 짓밟으며 뛰어 놀았던 흔적이 고스란히 남아 있다. 나는 여기에 올 적마다 유소년 시절을 만나곤 한다.

고향 마을에는 오동나무가 귀했다. 스무남은 집이 올망졸망 모여 살았지만 오동나무가 있는 집은 우리 집뿐이었다. 초가집 뒤란에 큰 키의 벽오동나무가 한 그루 있었고, 사립문 밖 토담 옆에도 오동나무 두 그루가 있었다.

봄이면 오동나무에 아카시아 꽃송이를 닮은 보랏빛의 통꽃이 무리 지어 피었다. 저 멀리 동구 밖의 느티나무 아래서 우리 집을 쳐다보면 꽃송이가 포도송이 같았다. 나는 오동나무 아래 그늘에서 동생들과, 때론 친구들과 소꿉놀이를 하면서 자랐다.

뒤란에 있는 벽오동나무에는 여름마다 매미가 떼를 지어 날아왔다. 나는 초록빛깔의 단단한 수피樹皮를 잡고 살금살금 오르다가 매번 미끄러지곤 했다. 훤칠하게 솟은 나무에는 붙잡고 오를 만한 가지가 없었다. 하지만 하늘 높은 줄 모르고 솟은 저 오동나무 끝까지 오르고 싶은 욕망은 사라지지 않았다.

가을이 오면 오동나무가 열매를 맺었다. 너무 높아서 누구도 딸 수 없었기에 바람이 내려주기만을 날마다 기다렸다. 늦가을에 바람 타고 떨어진 오동나무 열매를 나는 매일 주웠다. 한꺼번에 모두 떨어지면 좋으련만 쉽사리 떨어지지 않았다. 매서운 칼바람이 부는 겨울이 오면 우수수 떨어졌다.

열매를 한 알이라도 더 줍기 위해 언 손을 호호 불면서 애를 썼다. 그러다가 주머니가 불룩해지면 기분이 좋았다. 세 동생에게 나눠줄 수 있는 양이 그만큼 많았으니까. 먹을거리가 많지 않던 어린 시절에는 벽오동나무 열매조차 우리 형제에게 심심풀이 유물개가 되었다. 까끌까끌한 껍질은 싹싹 비벼서 털어내고 이로 깨물어서 알맹이를 꺼내어 먹으면 정말 고소했다. 열매를 모아 기름집에 가면 식용유를 낼 수 있었겠으나 대부분 우리 형제들의 손에서 사라졌다.

오동나무가 많아 오동도로 이름이 붙여진 여수 오동도는 이름이 무색하게 동백나무 군락으로 유명하다. 전설에 의하면 오동나무가 많았던 이곳에는 봉황새가 날아와 오동나무 열매를 따먹었는데, 봉황새가 드나드는 것은 왕이 나올 징조라고 하여 고려말 공민

왕이 오동도의 오동나무를 모두 베어 버리도록 했다고 한다. 아마 그러한 연유와 비슷하게 우리 마을에도 오동나무가 귀하게 되었던 것이 아니었나 생각해 본다.

소년의 고향 마을에는
오동나무가 있었습니다.
4월이 되면
오동꽃이 피었습니다.

오동꽃이 피면
오동꽃 그늘에서
소년은
마알간 웃음을 배웠습니다.

오동나무 잎새 뒤에
숨은 하늘
소년은
그 하늘빛도 좋아했습니다.

아들 녀석이 국어 시간에 암송했다는 어느 시인의 「오동꽃이 피는 마을」을 가만히 듣고 보니 참 정겹다. 나는 흥에 겨워 아들 녀석에게 나무 이야기를 한다. 내가 어렸을 적에 완두콩만 한 종자를 떼어내고 배 모양의 열매 꼬투리를 개울에 띄우고 놀았던 기억을. 우리 아이들은 나무에 대한 추억이 그다지 많지 않은 듯하여 안타깝기 그지없다.

자전거를 세워 놓고 바닥에 떨어져 볼품없이 뭉개진 벽오동 열매들을 줍는다. 운동장을 가로질러 와 이마에 부딪히는 찬바람이 겨울을 재촉한다.

겨울이 오면 아버지와 함께 새끼줄로 어린 나무들을 동여매던 추억이 이제는 꿈만 같다. 고향집이 사라진 탓이리라. 지금은 내가 가장 아끼던 아름드리 감나무도 죽고 없다. 나무를 사람처럼 생각하면서 함께 생활했던 어린 시절로 다시 돌아갈 수 없는 걸까. 고향을 떠나온 대가로 상실한 것들이 엄청나다. 다만 추억만이 남아 있을 뿐이다.

■ 수필사랑 동인지 제7집 ≪수필사랑≫ 2005.(여름)

나무가 있는 풍경 3

내 고향은 삼백三白의 고장이다. 그곳의 '배실마을'에 가면 동네 어귀에 잘 생긴 느티나무 한 그루가 서 있다.

삼십여 년 전의 일이다. 원래 수백 년 된 고목이 있었던 자리에 마을의 한 여인이 어린 묘목을 정성껏 심었다. 여인은 아침저녁으로 어린 나무를 돌보며 아홉 살 나이에 하늘로 떠난 자식을 그리워했다.

1974년 1월 22일, 그날은 눈이 많이 내렸다. 어린 재수는 아버지와 함께 12km 떨어진 충북 옥천의 큰집에 명절을 쇠러 가던 중, 폭설에 쓰러진 아버지를 구하려고 애쓰다가 자신의 옷을 덮어주고 세상을 떠났다.

험한 산 / 깊은 눈 속에 / 향그럽게 핀 / 한송이 꽃 / 그윽한 향기 / 온 누리에 풍긴다. / 길이 빛난다. // 어린 나이로 / 아버지를 위하여 / 뜨거운 효성의 / 불을 피워서 / 불살라버린 / 갸륵한 / 꽃송이

— 「갸륵한 꽃송이」 김진태

예전에 초등학교 도덕교과서에 「갸륵한 꽃 한송이」라는 제목으로 그날의 사연이 실렸었다. 여인의 가슴에 씻을 수 없는 상처로 남아 있는 '효자 고개'의 어린 무덤에 잡풀이 무성하다.

여인은 슬픔을 잊고자 나머지 4남매와 함께 온갖 허드렛일을 하며 생계를 이어갔다. 먹고 사느라 바쁜 만큼 슬픔도 사라지는 법이던가. 그러나 눈 오는 날이면 슬픔과도 같은 악몽으로 되살아나는 여인의 고통을 누가 알랴. 자식을 가슴에 묻은 아픔이 있는 어미만이 그 여인의 마음을 짐작이나 할까.

내가 어릴 때만 해도 효의 상징으로 전국 방방곡곡에 칭송이 자자했던 그 이름. 세월과 함께 잊혀져 가는 것을 아쉬워한 고향사람들은 정재수를 다시 살려냈다. 상주시민들의 5년에 걸친 우여곡절 끝에 '정재수 기념관'이 개관되었다.

폐교된 사산초등학교를 개축하여 효孝에 관한 모든 것을 담았다. 부모와 자식간에 살인이 빈번하게 일어나고 있는 세상, 가정의 위기가 사회의 뿌리를 송두리째 흔들고 있는 이 시대에 '정재수 기념관'은 효의 산 교육장이 되고 있다. 그러나 형을 대신하여 맏이노릇을 하고 있는 내 친구 '재봉'에게 너무도 아픈 기억으로 남아 있다.

학업의 으뜸은 '효'라 했다. 자녀들과 함께 기념관에 들러 죽어가는 아버지를 위해 제 옷을 벗어던진 어린 소년 정재수와 평생

한이 맺혀 살아온 여인의 눈물을 돌아보는 것은 의미가 크다. 기념관 안에는 효행설화 및 효에 얽힌 감동적인 일화가 많이 있다.

1층 전시실은 효에 관한 이야기로 가득하다. 2층은 폐교되기 전 옛 교실의 모습이 정겹게 남아 있다. 생활기록부에 붉은 글씨로 '1974. 1. 22. 마루목재에서 동사'라고 쓰여 있다. 정재수의 이야기가 실렸던 도덕교과서를 보면서 효의 의미를 되새겨 본다.

나는 수년 전에 비디오테이프에 녹화해 두었던 영화를 종종 아이들에게 보여주곤 한다. 1975년에 제작되어 화제를 모았던 영화 <아빠하고 나하고>를 볼 때마다 그날의 아픔을 가슴으로 느낀다.

재수의 동생이 보고 싶어 안부 전화를 걸어본다.

"잘 지내고 있지? 어머니는 지금도 미국에 계셔?"

"아니, 상주시내로 나오셨어."

부모를 받드는 한결같은 마음, 그것을 우리는 '효'라 말하고 있다. 지금 이 시대는 말보다는 실천이 절실한 때이다.

햇살에 너울거리는 느티나무 잎을 바라보면서 친구의 형이었던 '순동이'를 마음속에 그려본다. 어려서는 마음이 여리고 순해서 '순동이'라 불렸고, 죽은 후에 신문과 방송에 이름 석자가 오르내리던 정재수! 그의 이름을 기억하는 사람은 지금 몇이나 될까. 많은 세월이 흘렀어도 그는 내 마음 속에 여전히 살아 있다.

종이 백합

책상 위에 놓인 종이 백합이 탐스럽다. 열 송이의 백합은 일곱 빛깔 고운 무지개 자태를 한껏 뽐내고 있다. 암술과 수술이 고개를 살포시 내밀고, 잎은 창틈으로 불어오는 바람결에 나풀거린다.

초등학교에 다니는 아들과 종이 접기 놀이를 하면서 유년 시절을 떠올린다. 삼백三白의 고장인 상주 화동에 살 때다. 황금빛 들녘이 서산 노을에 물드는 평화로운 저녁 무렵이었다. 풍구(풀무)를 돌려 엄마의 일손을 도와주고 있을 때 낯선 남자가 집 안으로 들어왔다.

언뜻 보기에 남루한 모양새가 순진한 내 눈에 영락없이 거지로 보였다. 낯선 남자는 한쪽 다리를 절면서 양쪽 겨드랑이에 목발을 짚고 있었다. 금방이라도 엎어질 듯 절룩절룩 거리며 싸리문을 지나, 마당에 잘 가꾸어 놓은 코스모스에게 입맞추며 들어섰다. 나는 누구일까 하는 호기심으로 바라보았다. 마침 부엌에서 찬거리를 만들고 계시던 어머니께서 냉큼 달려나오셨다.

"도련님! 어서 오이소. 오랜만이네요."

"형수님, 그간 무고 하셨는기요?"

정담이 오가더니 낯선 남자는 담벼락 옆의 우물로 갔다. 목발을 가지런히 내려놓고 땀으로 얼룩진 몸을 구석구석 씻기 시작했다. 어린 나는 잔뜩 무서운 생각이 들었다.

낯선 남자는 돌아가신 작은 할아버지의 외아들이었다. 신체가 불편하다 보니 일자리를 얻기가 쉽지 않았고, 이 동네 저 동네 떠돌아다니다가 큰집 형에게 잠시 기댈 요량으로 찾아온 것이다. 바쁜 가을 수확기에 우리 집의 허드렛일을 도와주면서 머무를 작정이었던 것이다.

아버지와 어머니는 우리 4남매와 안방을 쓰고, 아저씨는 사랑방을 썼다. 때문에, 우리 여섯 식구는 흥부가족처럼 좁은 방에서 옹색壅塞하게 지낼 수밖에 별도리가 없었다. 가끔 아버지는 아저씨와 술잔을 기울이면 사랑방에서 함께 주무셨다.

"아재, 다리가 왜 그래여?"

우리 형제들은 물론 동네 아이들조차 호기심에 가득 찬 눈으로 바라보며 물었다.

"응, 아재는 어려서 주사를 맞지 않아서 그래여."

철부지 아이들은 아저씨와 함께 지내면서 조금씩 친해졌다. 아저씨는 다리가 불편할 뿐이지 보통 사람들과 전혀 다르지 않았다. 하루의 일과를 마치면 재미있는 이야기를 들려주었고, 색종이로 예쁜 꽃을 접어주었다.

궁벽한 시골에서 종이 접기를 처음 접한 나와 동생들은 아저씨의 재빠른 손끝에서 만들어져 나오는 종이꽃을 보고 연신 감탄했다. 아저씨의 손끝은 마치 요술을 부리는 것 같았다. 자신의 불편한 다리를 대신하듯 손끝에서는 그의 마음을 따라 온갖 생명체가 탄생하는 듯했다. 그런 아저씨는 유독 백합을 자주 접어 우리들에게 한 송이씩 나누어 주곤 했었다.

결국 나는 아저씨를 졸라 백합 접는 방법을 배웠고, 틈나는 대로 종이 백합을 접었다가 폈다가 또 접기를 반복했다. 그 사이에 가을이 가고 겨울이 오자 아저씨는 어디론가 떠났다.

기러기들도 찬 서리 피해 떠나고, 칼바람이 불었다. 풍요로웠던 들판이 하얀 눈으로 뒤덮이고 겨울도 깊었다. 아이들이 술렁거리는 소리에 가까이 다가가서 보니 아저씨가 와 있었다. 그리워하던 아저씨가 설날이 가까워지자 다시 돌아온 것이다.

아저씨는 손수레에 튀밥 튀기는 기계를 싣고 목발을 짚으며 돌아왔다. 어디서 기술을 배워 온 모양이었다. 동네 사람들은 겨우내 심심한 입을 달래줄 튀밥을 튀기려 모여들었다. 튀밥 만들 재료로 흰쌀, 강냉이, 검은 콩 등을 들고 왔다. 우리는 너도나도 집으로 달려가 풍로風爐에 불을 지필 장작을 한 아름씩 안고 왔다. 그리고 하얀 속살 드러낸 장작을 풍로에 올려놓고 풍구를 돌려대며 아주 신이 났다.

'뻥이요!?' 하는 함성과 함께 모두 귀를 틀어막았다.

아저씨의 손길이 닿자 틀문이 열리면서 튀밥이 철망 안으로 눈

꽃송이처럼 쏟아져 들어갔다. 처음 만났을 때의 무서운 아저씨가 아닌, 이제 다정한 모습으로 다가온 아저씨는 그의 손끝으로 우리들에게 또다시 마술 같이 신나는 일을 만들어준 것이다.

즐거운 설이 지나자 아저씨는 또다시 우리 곁을 떠났다. 그 뒤로 십 년이 지나고 이십 년이 지나도록 아저씨는 돌아오지 않았다.

세월을 이기는 장사는 없다고 했던가? 이제 기억 속에서조차 희미해진 아저씨의 모습이 종이 백합 속에서 아른거린다. 언젠가 알음알음으로 들은 이야기로 아저씨는 몇 해 동안 더 장돌뱅이로 떠돌다가 돌아가셨다고 한다.

종이 접기를 유난히 좋아하는 아들과 백합을 접다가 생각나는 얼굴. 이 세상에 남긴 흔적 없이 한 떨기 백합처럼 피었다가 져 버린 가련한 꽃!

■ 계간 ≪생각과느낌≫ 2003. 가을(27)

땅속 보물

나는 감자를 좋아한다.

껍질을 살살 벗겨 내고 솥에 안친 다음 자작하게 물을 붓고 약간의 소금을 넣어 김이 나도록 포옥 찐 감자를 좋아한다.

시골에서 초등학교를 보내던 시절, 어머니와 나는 툇마루에 걸터앉아 두런두런 이야기를 나누며 감자를 곧잘 깎았다. 라디오에서 들려오는 유행가를 따라 부르는 동안, 내 고운 손에 감자분이 서리가 되어 앉았다. 가마솥에서 김이 모락모락 피어오르면 그 냄새가 좋아서 나는 연신 숨을 들이켰다.

초봄에 어머니는 부엌에 쌓아 놓은 땔나무를 걷어치우고 한 켠에 묻어 놓은 감자 구덩이를 찾아낸다. 그리고 겨우내 잠들었던 감자들이 놀라지 않게 조심조심 흔들어 깨운다. 커다란 광주리에 씨감자로 손색없는 튼실한 녀석을 가려내 감자 눈을 자르기 시작한다.

씨를 갈라 재를 묻히고 밭에다 심는 날, 나는 어김없이 따라나섰다. 감자 눈이 위로 가도록 밭에 씨를 놓은 후 싹이 돋아나고 잎이 무성해지면 가끔 아버지는 요소비료를 뿌려주었다. 나는 어쭙잖은 호미질로 감자 포기에 북을 돋우며 잡초를 뽑아 나갔다.

일하다 지치면, 감자 잎에 숨었다가 이리저리 나는 주홍빛 무당벌레를 잡았다. 무당벌레를 한 움큼 잡아 손등에 스멀스멀 기어오르게 하다가 한꺼번에 멀리 날려버리곤 했다. 그러면 포르르 노릿한 향을 날리면서 무당벌레는 천방지축으로 날아갔다. 앙증맞은 미물의 향기가 내 몸에 스며드는 듯했다.

감자 캐는 절후節候가 돌아왔다. 식구들은 이랑을 따라 쪼그리고 앉아 감자를 캤다. 무성한 감자 줄기를 힘껏 잡아당기면 토실토실 살진 감자 알들이 주렁주렁 달려 나왔다. 뿌리에 붙은 감자를 하나씩 잡아떼고 나서 호미로 땅속에 숨은 녀석들을 찾아내야 했다. 살금살금 숨을 가다듬고, 두 손으로 호미를 끌어당기며 감자를 캐려고 애를 써야 했다.

아버지는 지게에, 어머니와 우리들은 손수레에 감자를 가득 담아 집으로 돌아왔다. 해가 저물어 어둑해질 때까지 마당에 쏟아 놓은 감자를 큰 것부터 골라 수수깡 통가리에 부었다. 얼추 쓸 만한 녀석들을 추려내고 남은 것들의 일부는 감자조림을 했다. 잔챙이는 모두 석유 드럼통만 한 고무 양동이 안에서 여름 내내 썩어 갔다. 돌담 옆 우물가엔 오래도록 감자 썩는 내음이 가득했다.

어머니는 잘 썩은 감자를 맨손으로 주물러 가라앉은 앙금을 걸러내었다. 마침내 감자가루가 만들어지면 어머니는 반죽을 하고 솜씨를 발휘하여 송편 모양의 개떡을 빚으셨다. 가마솥에 채반을 깔고 개떡을 안친 후, 헌 삼베 조각으로 덮고 마른 장작불을 때셨다. 아궁이에서 장작불이 활활 타오르면 툽툽하게 생긴 개떡 냄새가 온 집안에 풍겼다. 배고프고 어려웠던 시절에 먹어 본 사람은 그 맛을 기억할 수 있다.

진학을 위해 내가 먼저 도회지로 나오고, 부모님마저 고향을 떠나 온 지 어느덧 수십 년. 감자와 함께 나뒹굴었던, 철없던 유년의 추억을 이제 고향에선 찾을 길 없다.

"엄마, 우리 보물 캐러 언제 갈 거예요?"

"응. 이번 주말에 농장에 다녀오자꾸나."

감자 캐는 절후가 다시 돌아오니 아이들이 부쩍 조른다.

■계간 《생각과느낌》 2003. 가을(27)

어머니 가슴 같은 고향에 안겨

오늘 오전에 친정집에 다녀왔다. 여동생이랑 함께 엄마의 일손을 도우러 갔었다. 한 달 전부터 친정에서는 집을 수리하기 시작했는데, 그 집을 산 지도 벌써 13년이나 되었다. 흔한 가스, 기름보일러 한 번 못 써 보시고 여태까지 연탄불을 피워서 쓰셨다. 시골 고향집에서 살았을 때에는 아궁이에 불을 지펴 쓰셨다. 이젠 엄마 아버지께서도 연세가 지긋하시고 또 지금까지 고생만 하셨는데 정말 좀 편안하게 사시길 얼마나 바랐었는지 모른다.

다행히도 별 탈 없이 삼십여 일이라는 긴 나날을 보내고, 공사가 거의 다 마쳐졌다. 수리하는 동안 엄마 아버지께서 또 고생이 얼마나 많으셨는지!

불편한 잠자리며 음식이며, 더구나 비가 쏟아지던 날은 빨래며 이래저래 고생이 말이 아니었다.

그러한 덕분에 제법 깨끗하고 산뜻한 양옥집으로 변했고, 가스 보일러를 설치해서 이젠 정말 마음이 놓인다. 늘 아버지, 엄마 두 분께서 연탄아궁이에 숯을 달구어 불을 지피시고 부채로 부치시며 매운 연기에 눈물 흘리시던 모습에 마음이 아팠었다.

그러고 보니 앞으론 구멍 뚫린 까만 연탄과 연탄집게를 볼 일이 없을 것만 같다. 정들었던 아궁이가 없어지고 연탄집게가 고물상에게 팔려갔으니 왠지 모르게 마음이 찡하다.

사람이든 물건이든 심지어 동식물조차도 있던 자리에서 없어지면 서운한 법이 아니던가! 고향이란 것은 더욱더 그렇고.

돌아갈 고향이 없어진다면 얼마나 외롭고 쓸쓸하고 삭막할까 생각된다. 다행히도 나에겐 돌아갈 정겨운 고향이 있다. 축복받은 일인 것 같다. 내가 태어나고 뛰어다니던 동구 밖 길, 공기놀이 하던 느티나무 그늘!

먼지 일던 초등학교 운동장, 산딸기 따던 앞산, 물장구치고 고기 잡던 앞도랑, 도토리 줍다가 벌에 쏘였던 뒷동산, 앞마당의 텃밭과 구더기 가득한 재래식 변소, 두레박으로 물 긷던 우물들!

이 모두가 얼마나 정겹고 간직하고 싶은 추억들인가!

그뿐 아니라, 겨울이면 아궁이에 고구마 구워먹고, 썰매 타고, 연 날리고 온갖 놀이란 놀이는 다하면서 자랐다. 생각이 난다. 우리 집에서 겨울이면 옹기종기 모여서 모듬밥 지어 먹던 그 일이. 그리고 우리 엄마의 재미있는 옛날이야기에 시간 가는 줄 모르고 앉아서 숨을 죽인 채 듣던 기억까지도. 늦가을에 얼마의 감을 따서는 곶감으로 만들고, 일부는 감나무에 그대로 놓아두면 초겨울에 감이 꽁꽁 얼어서 조롱조롱 매달려 있던 우리 집 감나무가 눈앞에 아롱거린다.

그렇게 되면 아침 일찍 아버지는 감나무에 올라가서 장대로 마구 후려치시고, 엄마를 비롯하여 우리 형제들은 감나무 아래서 천막천 속으로 사정없이 날아오는 꽁꽁 언 감들을 받았었다. 애써 주운 감들을 장독대 항아리에 차곡차곡 앉혔다가 겨울밤에 꺼내어 친구들과 가족들이 요즘의 아이스크림처럼 핥아먹었다.

지금 생각만 해도 군침이 살살 돈다. 꿀보다 더 달콤하고 이가 시리도록 시원했었던 그 감홍시가 도무지 잊혀지지 않는다. 요즘은 강원도 어디에선가 우리가 그리했듯이 얼려서 파는 곳이 있다는 이야기를 들었지만, 너무도 비싸고 구하기도 어렵다고 한다.

그래서 나는 가을이 되면 시장에 나온 감홍시를 사다가 냉장고 냉동실에 넣어 두고 먹어 보곤 했다. 하지만 아주 적은 양이라 금방 바닥이 났다.

하얀 눈이 수북이 쌓인 날에는 고구마를 눈밭에 파묻어 놓았다가 깎아 먹으면 너무나 맛있었다. 그리고 부엌에 구덩이를 파고 감자를 넣어 두었었는데, 봄에 씨감자 가려낼 때 껍질이 튼 감자를 깎아서 먹으면 아삭아삭 시원하고 참 맛있었다.

마당에는 커다랗게 구덩이를 파고 늦가을에 수확한 무를 넣어 두고, 그 위에 볏짚으로 움막처럼 덮어서 하나씩 꺼내어 깎아 먹기도 했었다.

고향에서의 너무나 행복했었던 추억들이 밀물처럼 밀려온다.

난, 참 행복한 어린 시절을 지낸 것 같다. 요즘 아이들에게 과연 이런 추억이 있을 수 있을까? 너무나 새롭고 좋은 문화생활에 길들여진 아이들이라, 도리어 불편하다고 투정이나 하지 않을까. 시대가 변했으니 어쩔 도리가 있겠냐마는 아쉽고 안타까운 마음에 서러워진다.

지난 4월에 잘 닦아진 길을 시원스레 달려 내 고향 화동에 한 번 다녀왔다. 고향의 느티나무를 보고 눈물이 쏟아질 듯 가슴이 뭉클했다. 그날만큼은 고향의 품속에 안겨 정말 행복했었다.

고향에 다시 한 번 가보고 싶다.

언제 내 고향에 한 번 가서 한없이 마음을 달래어 보고 나의 어린 시절을 고이고이 간직하고 싶다. 사랑하는 부모님을 모시고 꼭 가보리라 다짐해 본다.

■2000 대구광역시와 한국예총대구지회 주최 <제4회 대구시 주부백일장> 차하.

■ 《남풍 불 제 나는 좋아라》 2000. 도서출판 그루.

그 시절을 아시나요

들꽃처럼 수수한 나의 남편!

햇살이 제법 따갑게 내려 쬐는 장마철의 오후인지라, 땀방울이 송골송골 맺힌다. 간혹 불어오는 한 줄기 바람이 선풍기의 위력보다 한결 시원하게 더위를 씻어준다.

올해는 우리 부부의 결혼 10주년이 되는 해이다.

세월이 참 빠르다는 생각만이 내 안에 가득하다. 하얀 웨딩드레스를 입고 부케를 든 아리따운 신부였던 것이 어제처럼 느껴지건만, 벌써 큰아들이 초등학교 4학년이 되었고, 작은아이는 유치원을 졸업하고 1학년에 들어가 학부형이라는 나이가 되어 버렸다. 아이를 키우느라 외출 한 번 변변히 못하고 지내온 삶이었는데, 이젠 어느 정도 숨돌릴 여유 아닌 여유도 생겼건만 한편으론 서운하고 허전하다는 생각이 드는 것은 왜일까? 어쩜, 자유가 그만큼 많아졌다고 해도 좋을 것 같은데……. 그러고 보니 이젠 남편이 최고라는 생각이 든다.

얼마 전 저녁 때, 남편이 다정스런 사연을 적은 예쁜 카드와 장미꽃 한 다발을 나에게 불쑥 내밀며 싱긋 웃음을 보냈다. 사실, 나는 까맣게 잊고 살았는데 남편이 잊지 않고 자상하게 생일을 챙겨주어 너무나 고맙고 한편으론 '이 남자가 이런 구석이 있었나?' 하고 감탄했다.

여자들은 남자들이 사소한 것까지도 잘 챙겨주는 사람이길 얼마나 바라면서 살아가는가? 그런데 나 자신은 아무런 준비도 못했기 때문에 내심 '미안하다'는 생각마저 들었다. 서로 상대방에게 바랄 것이 아니라 '어떻게 하면 기쁘게 할 수 있을까'를 고민해야 하지 않을까 생각된다. 특히, 결혼기념일엔 결혼식의 의미를 한 번쯤은 돌이켜 보면서, 두 사람의 사랑하는 마음과 믿음을 다질 수 있어야 할 것 같다.

다시 신혼시절처럼 사랑한다는 속삭임을 주고받으며 그 옛날 밤이 늦도록 헤어질 줄 모르고 둘만의 시간을 갖고 싶어 애달아하던 기억을 되찾아야 하지 않을까? 눈에 콩깍지가 씌었는지 그저 이 남자하고 함께 있는 시간은 행복했고 모든 것이 아름다워 보였고, 세상이 모두 다 내 것인 것처럼 느껴졌었던 그때처럼.

금방 전화하고 나서 또 전화해도 할 말이 왜 그리도 많았는지. 이제 금방 보고 헤어졌는데도 또 보고 싶어 어서 하루가 지나가길 애태웠던 그때처럼. 주위에서 누가 무어라고 말을 해도 모든 것이 좋게만 보이던 그때처럼. 손끝만 닿아도 가슴 떨리고 온몸이 전율하던 그때처럼. 첫 키스를 하던 그날처럼. 그렇게 우리는 마음이 콩콩 뛰었던 그 시절로 이끌어 보아야 할까 보다.

해묵어 이제 그런 마음을 갖기가 쉽진 않겠지만 결혼기념일에 한번쯤은 꼭 가져 보아야 하지 않을까 싶다. 모든 사람들이 결혼을 하고 나면 연애를 하던 그 기억은 어디론가 사라져 버리고 삶에 묻혀 그저 그렇게 하루하루 무미건조하게 지내는 것은 누구의 탓일까?

여자들, 아니 주부들이여!

우리가 나이를 먹을지라도 곱게 늙어 가자. 사랑하는 더 나은 반쪽Better half을 위해서 서로 노력하는 사랑스런 아내가 되자.

물질 만능중의에 살면서 지치고 더럽혀진 우리의 영혼을 기념일엔 깨끗하게 닦아내어 부족한 가운데서도 더욱 사랑을 아낌없이 주는 반쪽이 되어야겠다. 그리하면 모든 가정을 행복의 여신이 늘 지켜주실 것이다.

어느새 두류공원에 사람들의 행복한 웃음이 넘친다. 사랑하는 연인들의 모습으로 물결을 이루고 있다.

■2001 대구광역시와 한국예총대구지회 주최 <제5회 대구시 주부백일장> 참방.

■《개망초 노란꽃술》 2001.

비단벌레

지묘동에 있는 신숭겸 장군 유적지를 찾았다. 이곳 유적지를 돌아보는 동안 나는 유독 팽나무에 관심을 가졌다. 수령이 약400년 정도 된 이 팽나무는 후삼국을 통일한 태조 왕건을 기리기 위하여 '태조太祖 왕건王建 나무'라 이름 지었다. 아름드리 팽나무는, 죽어서도 왕을 섬기는 충신 신숭겸 장군처럼 늠름하다.

내가 오래 전부터 '왕건 나무'에 대하여 관심을 가지게 된 것은 이곳에 오면 혹시 비단벌레를 만날 수 있지 않을까 하는 호기심과 기대 때문이다. 팽나무에 서식하는 비단벌레에 대한 나의 호기심은 오래도록 내 마음속에서 떠나지 않고 있다. 왕건을 위해 목숨을 버린 신숭겸 장군의 희생정신은 왕족들의 화려한 삶을 위해 희생당한 비단벌레와 상통하는 것 같기도 하다.

지구상에 흔한 벌레들도 문화적 상징성을 껴안고 있다. 사람들은 흔히 인간답지 못한 사람을 가리켜 '벌레만도 못한 놈' 하고 말한다. 또 빈둥거리며 먹고 놀기만 하는 사람과 아주 무능한 사람에게 '밥버러지' 혹은 '식충이'라고 한다. 이러한 말들은 결코 좋은 뜻이 아니다. 인간의 존엄성을 무시하는 말임에 틀림없다. 어떤 인격체가 또 다른 인격체에게 상처를 주는 말들이다. 반면, 좋은 뜻으로 쓰이는 경우도 있다. 자신의 일에 열중하는 '일벌레', 공부에 몰두하는 '공부벌레'가 그러하다.

벌레는 우리의 생활 속에서 쉽게 만날 수 있다. 과일이나 야채에 기생하는 벌레는 물론이고 거미, 개미, 바퀴벌레, 나방, 파리, 모기 따위의 작은 곤충들도 심심찮게 볼 수 있다. 그러나 벌레는 자연 속에서 살아가지 않으면 대체로 죽임을 당한다. 특히 해충일 경우 사람들은 인정사정없이 죽여 버린다. 더군다나 그 곤충의 가치가 희귀종이라면 순간적으로 멸종될 수도 있다.

비단벌레는 곤충 가운데서도 특히 사람들의 눈을 사로잡을 만큼 예쁘고 화려한 종이다. 금록색의 등판에는 붉은 줄무늬가 몸을 따라서 한 쌍이 배열되어 있고 광택까지 나서 그 자태는 신비스럽기까지 하다. 비단벌레는 우리의 고대 문화 속에 한 끈을 부여잡고 있다.

5~6세기 경에 이미 신라인들은 비단벌레의 화려한 딱지날개를 금속장식 공예와 옷을 아름답게 만드는 장식품으로도 이용하였다. 1921년에 발굴된 금관총에서 비단벌레의 딱지날개가 장식된 의류 흔적과 마구 장식들이 출토되었다. 그 후에는 고구려 동명왕릉 능원구역에 있는 7호 무덤에서 '해뚫음무늬금동장식'도 나왔다.

이와 같이 무덤 속의 화려한 부장품은 죽은 이가 사후세계에서도 현세처럼 행복하기를 바라는 영생의 의미였다. 당시 사람들은 비단벌레의 딱지날개가 보석처럼 영롱함이 오래 간직된다는 것을 이미 알고 있었다. 거기에 비단벌레에 대한 주술적인 믿음이 배가 되어 죽은 이가 영생하기를 기원하는 상징이 되었을 것이다. 이로써 옛 사람들은 비단벌레의 미적 가치만 높게 산 것이 아닌 것이었음을 알 수 있다.

팽나무가 '태조 왕건 나무'로 이름 지어진 까닭을 이제 이해할 것 같다. 찬란한 고려를 개국한 왕건에게 가장 걸맞는 나무가 아닐까 생각한다. 비단벌레는 왕과 왕족들의 장식품에 쓰였다. 팽나무를 먹고 사는 비단벌레의 화려함이 찬란한 고려 문화를 상징하는 듯하다. 이토록 화려한 문화의 이면에는 슬프도록 아름다운 누군가의 희생이 뒤따른다는 사실을 새삼 깨우친다.

신숭겸 장군의 순절지殉節地에서 비단벌레를 더 이상 볼 수 없는 것일까. 이곳의 늙은 팽나무 위를 자유로이 날아오르는 화려한 비단벌레의 날갯짓을 볼 수 있는 날이 올까? '팽'이라 부르는 조그만 열매는 찬란한 5월의 태양을 머금고 저토록 푸르기만 하다. 아쉬운 마음을 달래기 위해 땅에 떨어진 팽나무 몇 잎을 주워 책갈피에 꽂는다. 그리고 팽나무가 많이 서식하고 있는 삼국시대의 성곽인 대구달성大邱達城, 사적 제62호을 떠올린다. 그 옛날의 비단벌레를 그곳에 가면 혹 볼 수 있지 않을까 하고.

■ 계간 《대구문학》 2007. 가을(72)

보경사에서

불심佛心으로 저무는 가을, 만법萬法이 다 하나로 돌아가는 계절이다. 보경사 경내로 들어서면서 '천왕문天王門'을 바라본다. 보경사는 문패를 석 장이나 달고 있는 특이한 사찰이다. 여타 지역의 사찰하고는 달리 좌측에는 '내연산內延山', 우측에는 '보경사寶鏡寺'라고 새긴 현판 두 장이 가로 붙어 있다.

천왕문을 넘을 때, 사천왕四天王이 불호령을 내릴 것만 같아 오금이 저려 걸음이 떨어지지 않는다. 동쪽의 지국천왕, 남쪽의 증장천왕, 서쪽의 광목천왕, 북쪽의 다문천왕은 모두 한 마음이 되어 내게 불벼락을 내릴 듯한 모습이다. 그저 바라보기만 하여도 나는 온몸에 소름이 돋아 도망치듯 그곳을 빠져나온다. 지은 죄가 없다면 무엇이 두려울까마는 털어서 먼지 안 나는 사람이 어디 있겠는가. 삶 자체가 진흙탕인 것을.

천왕문을 넘으면 5층 석탑이 시야에 들어온다. 유구한 세월을 버티어 온 석탑에는 갈색 이끼가 끼어 운치가 있다. 탑의 1층에는 동그란 두 개의 문고리와 문고리를 걸어 잠근 듯한 부조가 새겨져 있다. 그 문을 열고 들어가면 열반涅槃에 든다고 한다. 탑의 꼭대기에는 사리를 담아 놓은 청동의 그릇 모양이 있다. 그것은 죽어서 하늘과 가장 가깝게 닿으려는 의미를 가지고 있다고 한다. 이 또한, 자연과 하나가 되고 싶은 간절한 마음이 아니겠는가.

보경사 뜰의 감나무에 주렁주렁 매달린 홍안紅顔이나 보리수의 단풍잎 한 조각도 유난히 큰 광망光芒으로 빛나고 있다. 나는 남들이 다 둘러보는 법당 앞으로 가지 않고 법당의 뒤로 슬슬 돈다. 살아오면서 알게 모르게 지은 업 때문에 감히 부처를 진지하게 당면瞠眄할 용기가 없다.

불국사의 말사末寺라고 하지만 절집의 유래나 규모가 예사롭지 않다. 잠시 천 년 고찰의 경내로 들어가 여기저기 둘러보고, 감로수로 갈증을 채우며 하늘을 바라본다. 눈부신 하늘이 답답하던 시계視界를 연다.

보경사는 신라 진평왕 25년(602)에 창건된 절이다. 당시 진나라에서 유학하고 돌아온 대덕大德 지명智明 법사가 왕께 "동해안의 명산에서 명당을 찾아 팔면보경을 묻고, 그 위에 불당을 세우면 왜구의 침략을 막고 장차 삼국을 통일하리라."고 했다. 왕이 기뻐하며 포항을 거쳐 해안을 타고 올라오다가 오색구름이 덮인 산을 보고 찾은 곳이 내연산이며, 그 연못을 메우고 팔면보경을 묻고 창건한 절이 보경사다.

높은 산을 보고 그 기상을 배우지 못하면 그것은 피상皮相의 앎은 될지언정 진정한 깨달음은 되지 못하듯, 나는 어리석어 늘 속된 욕심의 굴레에서 허덕이면서 살아왔음을 깨우친다. 또한 나는 자연의 일부이므로 그들과 하나가 되어 살아가야 하는 것을 잊은 채 물욕에 마음을 빼앗겨 상처를 받으며 살아온 삶으로 얼룩이 져 있다. 나는 비록 불자는 아니라도 이 세상의 고통과 번뇌를 벗어나 그로부터 해탈하여 부처가 되는 것을 궁극적인 이상으로 삼는 불교에 대하여 관심이 많다.

아득히 흘러가는 꽃구름을 하늘이 물고 있다. 석탑 옆 누각을 바라보니 위층에는 목어木魚와 운판雲版과 법고法鼓가 매달려 있고, 아래층 종루에는 범종梵鍾 하나가 걸려 있다. 이것을 불전사물佛殿四物이라고 일컫는데, 모두 부처의 크나큰 자비광명을 나타낸다.

둥둥둥둥 탁탁 네 발 달린 짐승을 구제하는 법고
두~웅둥둥 지옥에 있는 중생을 구제하는 범종
또닥또닥또다악 물속의 짐승을 구제하는 목어
땡땡땡땡 하늘을 날으는 짐승을 구제하는 운판

세상사 모든 것이 하나를 지향하고 있으니 그것은 곧 자연과 하나 되고, 고통이 없는 극락의 세계를 지향하고 있다는 것을 깨닫는다. 마음의 문을 열고 지금 이 순간만큼은 부처님하고 같은 시간과 같은 공간을 느낄 수 있다는 것만으로도 즐겁다. 나는 보경사의 뜰을 비추는 가을 햇살 한 자락이 되고 싶고, 부처님 곁을 맴도는 한 줄기 바람이 되고 싶다. 그리하여 이 순간 부처님과 하나가 되고 싶은 마음이다.

늦은 가을날, 보경사의 산책로는 낙엽을 물고 하나가 되어 있다.

'생사일여生死一如'라 했던가. 우주와 인간, 우주와 만물이 둘이 아니라 하나인 것이다. 단풍잎이 떨어지며 소리 내어 웃는 것도 거름이 되어 새 생명을 키운다는 윤회의 법칙을 알기 때문이리라. 그 죽음은 일시적인 것으로 머물렀던 기(에너지)가 우주의 기로 되돌려지는 것이리라. 즉, 미세한 개체적 자아를 우주적 자아로 승화시킬 수 있을 때 비로소 '달관'이 생겨날 것이다. 나를 온전히 비운다는 것은 바로 우주와 하나가 되는 것이리라.

나는 지금 만산홍엽 속에서 하나의 단풍이 되어 있다. 관세음보살, 나무관세음보살!

■ 수필사랑 동인지 제9집 《수필사랑》 2006.(여름)

대조전

팔월 초하루!

폭염 속을 걷고 또 걷는다. 연일 30도를 웃도는 날씨, 아무리 더워도 여행하는 내 마음은 즐겁다.

창덕궁의 정문인 돈화문을 지나고 금천교를 건너 정전인 인정전을 둘러본다. 중층으로 만들어진 웅장한 인정전을 돌아 대조전으로 발길을 옮긴다. 임금과 왕비의 침전인 대조전大造殿에서 발걸음을 멈추고 내부를 들여다본다. 내부가 일부 서양식으로 꾸며져 있는 이곳은 화재로 소실되었었다. 그러던 것을 경복궁의 교태전을 옮겨 지은 것이다.

코를 매콤하게 찌르는 냄새, 그것은 오래된 우리 역사의 숨결로 다가온다. 아니, 솔직히 말하자면 피비린내 나는 조선의 슬픔으로 느껴진다. 그렇지만 아픔의 역사 속에서도 우리는 문화를 지켜왔고, 그 결과 창덕궁은 세계문화유산으로 지정될 수 있었다고 생각한다.

조선은 '역성혁명'을 통해 건국되었다. 그런데 제1, 2차 왕자의 난으로 골육상쟁의 피를 보아야 했던 조선 초기의 역사는 그야말로 피의 역사였다. 왕위 다툼으로 형제와 부자간에 벌어진 사건, 그것은 결국 태조(이성계)가 총애했던 둘째 부인(신덕왕후) 강씨에게서 태어난 막내 왕자 방석이 세자로 책봉되었기 때문에 일어난 것이다. 만약 신하들의 뜻대로 신의왕후 한씨에게서 태어난 다섯째 왕자 방원이 세자로 책봉되었다면 어찌 되었을까.

역사를 돌아보면 임금은 부인을 여럿 두었다. 태종 역시 외척의 권력을 흐트러뜨리고 왕권을 강화하기 위해 부인을 10여 명 더 두었던 것이다. 때문에 잉꼬부부였던 태종과 원경왕후 민씨 사이는 벌어지고 자주 다투었다. 왕위 다툼이란 배(어머니)가 다른 형제가 많은 데서 초래하는 것 같다.

대조전은 '큰 사람을 만드는 곳'이다. 즉, 세자를 낳기 위해 왕과 왕비가 합궁하는 곳이다. 그러나 합궁은 택일하여 정해지는 날짜에 정해진 왕후와 함께 이루어졌다. 그리하여, 후손을 많이 둘 수 있었다. 8남 5녀를 둔 태조를 시작으로 정종은 15남 8녀를, 태종은 12남 17녀를, 세종은 18남 4녀를, 성종은 16남 11녀를, 중종은 9남 11녀를, 선조는 14남 11녀를, 영조는 2남 12녀를 두었다. 어디 조선의 역사만 그러하랴.

역사를 좀더 거슬러 올라가 보자. 한반도를 우리 민족 자주적으로 통일했던 고려의 역사를 보더라도 태조(왕건)의 부인은 모두 29명이나 되었다. 이 역시 왕권 안정을 위한 지방 호족들과의 화합방

책이었다. 그러나 둘째 부인(장화왕후) 오씨에게서 태어난 무가 태자로 책봉되기까지 어려움이 많았다. 또 왕위를 노리는 세도가들 때문에 혜종(무)은 하루도 마음이 편치 않았다.

왕권을 강화한다는 명분 아래 많은 부인을 두었던 왕들, 그들은 결국 배가 다른 많은 왕자들로 인하여 오히려 골머리를 앓았지 않았을까. 왕권강화와 왕위다툼으로 인하여 얽히고설킨 왕족끼리의 혼인은 참으로 놀라울 따름이다. 왕위를 둘러싼 왕족들의 피비린내 나는 역사 속에서도 우리의 문화는 이어져 왔다.

폭염 속에서 코를 자극하는 '욱'한 냄새 때문에 나는 이내 대조전을 빠져나온다. 수많은 부인과 왕자들 사이에 있었던 골육상쟁의 공기를 오래도록 들이마실 만큼 나는 비위가 좋지 않다. 궁궐의 경치는 그야말로 웅장하고 주변 자연환경과 조화로우며 배치가 탁월한 점은 높이 평가되고 있지만, 그 속을 들여다보면 참으로 아름답지 못한 시대적 비극의 역사가 담겨 있다. 그럼에도 불구하고 비극의 역사는 반복되어 왔다. 슬픈 일이다.

왕권이 무엇이며 정치가 무어라고. 아침이슬처럼 덧없는 것이 권력이고 인생인 것을.

■ 2007. 8.

구름

제4호 태풍 '마니MAN-YI'가 북상 중이다. 걱정을 하면서도 나는 경부고속도로를 타고 있다. 칠월의 둘째 주말, '놀土'를 맞아 충남 태안 '볏가리마을'을 향하여 달리고 있다. 여행 중에는 차 안에서 언제나 밖을 내다보게 되는데 바깥 풍경에 도취되곤 한다. 사실, 도심 속에 갇혔을 때는 하늘을 쳐다볼 마음의 여유가 없다.

차창을 스치는 아름다운 풍경들을 바라보며 온갖 시름을 잊는다. 그 가운데서도 빠지지 않는 것이 구름이다. 해마다 장마철이면 구름이 많이 끼어 맑은 하늘을 보는 것이 쉽지 않다. 구름 사이로 간간이 쪽빛 하늘이 보인다. 무척 반갑다. 도심에서 찌든 마음이 한순간에 씻기는 기분이다. 먹고 사는 것과 글 쓰며 낭송하는 일에 매달려 있던 나를 이 순간만큼은 잊고 싶다.

내 소망은 코흘리개 시절에 쳐다보던 그 하늘빛이 보이는 곳에서 사는 것이다. 환경이 심각하게 오염된 지금은 정말로 꿈같은 이야기다. 도심에서 그 하늘을 다시 만날 수 있을까.

내가 지금 바라보고 있는 차창 너머 풍경, 이 평범한 그림이 정말 좋다. 너무나 아름다운 풍경, 볼 때마다 새로운 모습에 감탄을 한다. 오늘은 작정하고 저 구름을 바라본다.

하얀 솜덩이 같은 구름들이 온 하늘에 깔려 있다. 조그만 구름 하나가 마치 날개를 활짝 편 새처럼 날아간다. 이야! 정말 멋지다. 차가 달릴수록 구름도 그 모양이 달라진다. 어떤 화가가 저토록 아름다운 그림을 그릴 수 있단 말인가. 대양주 같은 큰 구름이 기운차게 흘러가고 있다.

하늘의 구름은 시시각각 그 모습을 변화시키고 있다. 도대체 하루에 몇 천만 번을 바뀌는 것일까. 구름의 모양을 이렇게 말로 표현한다는 것이 너무 벅차다. 그렇다. 어리석인 짓이다. 그저 구름을 보고 감상하고 감탄하면 그만이다.

이 얼마나 아름답고 평화로운 구름의 나라인가. 구름 속에는 섬도 있고, 각양각색의 동물과 식물과 사물들이 존재한다. 어느 것 하나 신기하지 않은 것이 없다.

모양과 빛깔 그리고 움직임을 하나하나 놓치지 않으려고 잠시도 눈을 떼지 못하고 있다. 의자를 뒤로 젖히고 비스듬히 누워 하늘을 쳐다보라. 똑바로 앉아서 멀리 있는 구름을 바라볼 때와 느낌이 전혀 다르다. 더욱 신비롭다.

야, 저건 또 무슨 모양인가. 오! 이런 하늘을 내가 살아서 볼 수 있다는 것이 얼마나 행복한가!

'내일 일을 너희가 알지 못하는도다. 너희 생명이 무엇이뇨 너

희는 잠깐 보이다가 없어지는 안개니라.' -야고보서 4장 14절-

하늘을 거의 모두 덮은 구름, 그렇더라도 아름다운 하늘을 나는 사랑한다. 앞으로도 영원히 사랑할 것이다. 오늘은 태풍이 온다고 했는데, 아마도 일본열도로 방향을 바꾸었나 보다. 저토록 고요한 것을 보니.

■ 2007.7.14.

갈대

정말로 알 수가 없다. 사람의 마음이 얼마나 가볍게 이리저리 움직이는지. 또 쉽게 망각하는 실체인지. 사람이라면 누구나 스스로 느끼지 않을까 생각한다.

불혹의 나이에 다시 한 번 '생각하는 갈대'의 뜻을 새겨본다. 나는 참 바보스럽고 어리석은 사람 같다. 내 마음이 어찌 이리도 연약하여 미풍에도 곧잘 흔들리는가. 마음먹기에 따라 부자도 되고 걸인도 된다지만 내 마음 나도 모른다.

열 길 물속은 알아도 한 길 사람 속은 모른다더니, 나 스스로도 내 마음을 알 수 없을 때가 정말로 많다. 내가 누군지 정체성조차 불분명하여 숱하게 방황을 한다. 어떻게 살아가야 참된 삶을 구현할 수 있는지 고민이다. 내 삶을 송두리째 걸고 싶은 일이 무엇일까 하고 염두에 두고 밤새워 연구하며 머리를 썩인다.

내 기억에 의하면 필시 고등학교 2학년 때쯤일 것이다. 군색하고 보잘것없는 집안에서 맏딸인 나의 어깨는 항시 무거웠다. 중학교를 졸업하고 가사를 돕다가 결혼하라는 부모님의 엄명이 내려졌다. 나에게는 가슴을 깎는 아픔이었다. 닭똥 같은 눈물로 호소하여 마침내 대구 바닥에 첫발을 내딛고 여상에 입학했다. 골방 하나 얻어서 자취생활을 했다. 책상 하나 놓고 둘이 누우면 꽉 차는 골방에서 연탄가스 마시며 밥을 해먹었다.

고향에 계신 부모님을 실망시키지 않으려고 나름대로 학업에 충실했다. 그렇지만 내가 가고자 하는 길이 결코 아니라는 생각에 난 늘 외롭고 추웠다. 부기簿記를 배우고 주판알을 튀기며 나의 서러움은 빗물처럼 쏟아졌다. 유학을 가고 싶었고 좀 더 원대한 꿈을 실현하고 싶었다.

좋아하던 그림 공부를 경제적인 이유로 중도에서 포기해야만 했을 때, '내 삶의 종착지는 결국 여기서 끝나는가 보다' 생각하니 숨이 막혔다. 첫 단추를 잘못 끼우면 처음부터 새로 끼워야 하듯, 처음부터 어긋난 내 삶을 몹시 괴로워했다. 졸업을 한 후 곧바로 취업으로 이어질 나의 운명을 생각하니 억장이 무너졌다.

여름방학이 시작되자 가랑잎의 소요逍遙처럼 무작정 여행을 떠났다. 음악의 거장인 난계蘭溪 박연朴堧 선생을 기리는 충북 영동으로 향했다. 지금은 역사의 뒤안길로 사라진 '비둘기호' 열차에 몸을 싣고 덜컹거리며 달렸다. 그곳에 며칠 동안 머무르면서 이런 저런 생각에 밤잠을 설쳤고, 타지에서 사람들의 살아가는 모습도 지켜보았다. 내게 있어서 세상을 보는 눈을 뜰 아주 중요한 시점이었다.

다음날, 이른 새벽에 홀로 동산에 올랐다. 적막 속에서 나 혼자 많은 생각 속을 거닐었다. 짙푸른 산야가 싱그러운 자연의 향기와 더불어 청정淸淨한 영혼을 나에게 불어 넣었다. 때마침 붉은 태양이 희망을 안고 떠올랐다. 신神의 계시라도 받은 양 그 찰나에 머리가 맑아 왔다. 내가 선택 받은 사람이라는 생각이 문득 스쳤다. 높이 솟아오르는 격동적인 태양을 바라보며 가슴이 쿵쾅거리기 시작했다. 심장이 터질 듯 벅차오르는 감동의 끝자락에서 내 안에서 들려오는 울림의 소리를 마침내 들었다.

'절대로 절망하지 마라. 그리고 큰 뜻을 품어라. 너는 선택받은 사람이니 열과 성을 다해서 살아야 한다. 세상에는 쓸모없이 준비된 것은 하나도 없나니. 아주 보잘것없는 돌멩이가 당당하게 제 몫을 다하듯, 너에게도 주어진 사명이 반드시 있다. 진실로 최선을 다하여 노력하면 반드시 길이 열릴 것이다.'

나는 자연과 혼연일체가 되어 오래도록 그 자리에 서 있었다. 그렇게 한없이 붉은 아침 태양의 기운을 온몸으로 받아들였다. 그것은 참된 자아발견의 순간이었다.

눈을 뜨고 발 아래 펼쳐진 드넓은 포도밭을 보았다. 알알이 맺힌 과육을 바라보면서 농부의 땀과 눈물과 손길을 생각했다. 세상에 공들이지 않고 얻는 것은 아무것도 없는 법. 노력하지 않고 요행을 바란다면 그것은 삶을 투기하는 것과 다름없다.

가고자 하는 길을 비록 우회하여 갈지라도 주어진 삶에 최선을 다하고자 결심했다. 그 속에는 내가 소원하는 꿈과 행복이 함께 존재할 거라고 굳게 믿었다. 나에게 주어진 지금의 자리는 무엇보다 소중하다는 것도. 초파리의 번데기가 참깨로 보이든, 참깨가 초파리의 번데기로 보이든 그것은 내 마음 먹기에 따라 다를 뿐이다. 지금의 내 자리가 만족스럽지 못하더라도 정열을 다 바쳐 아낌없이 투자해야 한다.

나는 지금 내 안에 희망의 묘목을 심고 사랑의 물과 열정이라는 거름을 주고 있다. 언젠가는 그 나무에서 원하던 '꿈'의 열매가 알알이 들어차지 않겠는가. 하루에 새벽이 한 번뿐임을 깨닫고 오늘도 깊은 명상에 잠겨 있다.

> 파아란 담요 위에 / 점점이 흩어진 네 모습! / 추풍秋風의 숨결에 / 또 다시 가을인가 한다. / 십칠 세 소녀인 듯, / 수줍은 듯 볼그레한 네 모습! / 하느작거리는 옷자락마다 / 묻어나는 향긋한 미소는 / 길손을 향수鄕愁에 접는다. / 지금 / 동구 밖 어귀에 피어 있을 / 옛정을 그리워한다. / 영글어 가는 황금씨앗처럼 / 야무진 너와 난 / 하나의 의미.
>
> —「너와 나」 김미숙

진실만을 보여주는 거울처럼 마음에 올곧은 중심을 가진 갈대의 흔들림은 아름답지 아니한가. 나는 늘 흔들리며 생각하는 갈대다.

■「너와 나」 ≪애광문단≫ 1986.

제4부_눈물과 웃음

눈물과 웃음

한 번 터진 웃음보가 그칠 줄 모른다. 난감하다. 대구시에서 지원한 '국채보상운동 100주년 기념' 시문학 공연을 위하여 시극을 맹연습 하는 중이었다. 짝꿍과 함께 대사를 맞추려던 순간, 내 짝꿍이 '돈 모다'라고 해야 하는데 '빚 모다' 하는 바람에 그만 나도 모르게 웃음이 났다. 이런 낭패가 있나.

더구나 문협 회장님께서 참관한 상황에서 웃음이 그치지 않으니 정말 난감했다. 이 일을 어쩌면 좋을까나. 한동안 연습장은 '웃음바다'가 되었다. 체면이고 뭐고 한참을 웃고 나서야 겨우 진정이 되었다. 살다 보면 의지로 제어할 수 없는 경우가 종종 생기기도 한다.

중학교 1학년 때, 과학시간이었다. 선생님은 나를 불러 세웠다. 그리고 지적한 어느 단락을 읽어보라고 했다. 그런데 이상한 일이었다. 과학실험 기구에 대한 설명을 읽다가 '가지 달린 플라스크'라는 말을 '자지 달린'으로 말해서 그만 웃음이 터졌다. 그런데 문제는 한 번 터진 웃음이 그치지 않은 데 있었다. 말똥 굴러가는 것만 보아도 웃음이 난다는 사춘기 시절이어서 그랬을까. 참말로 웃음이 그치지 않았다.

급기야 학급 친구들조차 따라 웃었는데 선생님은 다짜고짜 화를 내면서 사정없이 머리를 쥐어박았다. 그러자 삽시간에 교실은 고요해졌다. 너무 매정하다는 생각을 하면서 나는 자리에 앉았고, 다른 학생이 이어서 책을 읽었다. 왜 그렇게 웃음이 나왔을까. 삼십여 년 전의 일이지만 아직도 또렷하게 기억하는 것은 왜일까. 그날 이후, 웃는 것도 조심스러웠다.

나는 살아오면서 눈물이 많았다. '여자, 맏딸, 가난, 외며느리' 이런 족쇄가 나를 슬프게 만들었다. 웃음보다는 눈물 속에서 살아왔다고 해도 과언이 아니다. 그래서 웃음을 잘 모른다. 가뭄에 콩나듯 웃는 내 모습이 오히려 어색하기만 하다.

내 삶은 그렇게 기쁨보다는 슬픔이, 웃음보다는 눈물이 많았다. 시련 없고 슬픔 없는 사람이 어디 있을까. 사람들은 슬플 때면 자신이 가장 슬픈 존재라고 착각을 하면서 살기도 한다. 유독 눈물이 많은 나는 어린 시절에도 툭하면 잘 울어서 어머니에게 덜 혼났다.

"저렇게 마음이 여려서야 이 험한 세상을 어찌 살까나."

경제가 어려운 요즘, 사람들은 웃을 일이 별로 없다고들 말한다. 맞는 말이다. 그러나 나는 이미 오래도록 그런 삶에 익숙한 채 살아왔다. 울며불며 살아온 세월이 어디 하루 이틀인가. 다들 '죽겠다, 힘들어 못 살겠다.' 하고 아우성이다. 그래서일까, '웃찾사' 혹은 '개그夜' 라는 개그gag 프로그램의 인기가 날로 높다. 서민들은 가슴속에 쌓인 슬픔과 고통을 그들을 통해서 해소할 수 있는 것 같다. 웃을 일이 별로 없는 세상에 웃음을 던져주는 사람들이 있기에 그나마 살아갈 용기가 생기는 것 아닐까.

나는 눈물이 많은 여자다. 수도꼭지를 틀어놓은 듯 두 볼을 타고 흘러내리는 눈물로 상처받은 마음을 씻어낸다. 온전히 쏟고 나서야 서서히 마음에 평화가 찾아들기 시작한다.

웃음의 상처, 눈물의 흔적들이 퇴적되는 동안 나는 어느새 중년에 접어들었다. 그리고 조금 늦게 뛰어든 문학의 세계에서 고뇌하면서 한바탕 웃고 있다. 낭송과 연기를 하는 지금 이 순간이 나는 즐겁다. 비록 몸은 고단할지라도 마음 맞는 사람들이 모여서 만들어 가는 보람과 기쁨에 젖어 있다.

간혹 서로가 실수를 하여 시극 연습장이 웃음바다가 되고, 잊지 못할 에피소드들이 연일 쏟아지고 있다. 웃는 것이 죄가 될 수는 없다. 웃으면 복이 온다. 웃는 얼굴에 침을 못 뱉는다. 우리나라 국민들이 마음껏 웃으면서 살 수 있는 날이 많아지기를 기원한다.

"빚을 끊읍시다."

독립지사 '서상돈 선생' 역할을 맡으신 문우께서 '빚을 갚읍시다' 부분에서 실수를 하자 연습장은 또 폭소가 터진다. 한참을 웃고 나서야 다시 연습에 몰입한다.

"담배를 끊읍시다. 우리는 할 수 있습니다."

일본이 우리에게 억지로 맡긴 빚을 갚기 위해 한때 허리띠를 졸라매야만 했었던 선조들의 그 숭고한 애국정신을 기리기 위해 오늘도 대구문협 시극 팀은 땀방울을 흘린다. 결코 웃을 수 없는 암

울했던 그때 그 시절을 재현하는 동안 웃음은 우리 곁에서 떠날 줄 모른다.

나라가 부강해지면 서민들도 행복할 것이다. 그러나 실체와 그림자가 떨어질 수 없듯 웃음은 눈물이란 그림자를 동반한다. 눈물과 웃음이 함께한다는 사실이 오묘할 뿐이다.

오늘 또 웃음이 나오고 눈물도 덩달아 흐른다. 눈물을 흘릴 줄 아는 사람이 진정 행복하게 웃을 수 있을 것이다. 내 안의 어디에 이렇게 커다란 웃음보와 눈물보가 숨어 있었는지 정말 모르겠다.

■Daegu Art Forum ≪아트포럼≫ VOL.10 May. 2007

레이스 볼레로

장맛비가 내리고 있다.

가게를 이 잡듯이 뒤져 마침내 매장의 구석에 있던 하얀 레이스 볼레로를 찾았다.

"아줌마, 이건 얼마에요?"

"원래 만이천 원인데, 새댁이 예쁘니까 만 원에 줄게요."

"그래요? 고마워요."

"아휴, 정말로 잘 어울리네요."

싼값의 볼레로를 들고 옷가게를 나온다. 하지만 좀 전에 보았던 화려한 색깔의 고급 볼레로에 자꾸만 미련이 남는 것은 어쩐 일일까.

공연 날짜는 뿌득뿌득 다가오고 걱정부터 앞선다. 무대에서 입어야 할 옷 때문에 머릿속이 복잡하다. 여자들은 남자들에 비해 의상에 신경을 많이 쓴다. 남자들은 넥타이에 정장 한 벌이면 되지만 여자들은 그렇지가 않다. 머리모양부터 신발에 이르기까지 온갖 신경이 쓰인다. 하다못해 조그만 장신구 하나까지도 꼼꼼하고 예리하게 살피게 된다. 정작 공연 내용보다는 치장하는 일에 더 신경이 쓰이는 것이다.

한복과 드레스, 정장 중 어느 것을 착용할 것인가 고민을 한다. 구두를 신을 것인가, 샌들을 신을 것인가 또 고민을 한다. 검은 색으로 할까, 아니면 다른 색깔이 좋을까. 끝없이 고민하고 결정하는 가운데 무대 복장이 완성되어 간다. 결코 만만찮은 일이다. 전용 코디네이터라도 두고 싶은 심정이다.

'청소년 문화존 시문학 공연' 행사가 2.28중앙공원에서 11월까지 이어진다. 첫 공연을 마치고 나서 의상에 더욱 신경이 곤두선다. 다음 공연 때는 더욱 잘하고 싶고 더 멋있어 보이고 싶은 마음에서다. 공연하기 전에는 평소 옷에 대하여 별로 신경을 쓰지 않고 살아왔다.

한번은 어느 문우가 옷에 대하여 일가견이 있는 문우더러 내게 코디를 해주면 어떻겠냐고 조언을 했다. 조금 기분이 언짢았다. 그때부터 의상에 대하여 신경을 쓰지 않을 수 없게 되었다.

넉넉하지 않은 살림을 쪼개고 또 쪼개가며 살고, 입고 싶은 옷을 마음껏 살 수 없는 처지기에 마음이 상했다. 평소 친척들에게 얻어 입고 가끔 친정어머니로부터 생일선물로 받았었는데, 남편이 은근히 미워지기 시작했다. 아내가 좋아하는 스타일의 원피스를 사주지 않는 것이 원망스러웠다.

여름이 시작될 무렵, 어머니와 함께 서문시장에 가서 한나절 동안 옷 구경을 했다. 무릎 관절이 좋지 않아 계단을 오르내리는 일이 힘든 어머니이지만 딸과 함께 옷 구경하는 것을 무척 즐거워하신다. 나도 어머니와 함께 시장을 구경하는 일이 즐겁다.

서문시장을 모조리 훑어보고 나서 다시 대신동 지하상가를 둘러보았다. 그리고 시내로 향했다. 쓸데없이 마음에 드는 옷을 입었다 벗었다 반복하면서 나는 왕비가 된 기분이었다. 그러나 천편일률적으로 똑같은 디자인에 슬슬 싫증을 느끼기 시작했다.

한꺼번에 너무 무리한 탓인지 어머니는 피곤해 보였다. 한 가지만 사고 집으로 가자고 했다. 그러나 나는 한 가지도 살 수가 없었다. 나만이 입을 수 있는 개성 있는 옷은 없고, 유행을 타는 옷이 대부분이었다. 누구보다도 유행을 싫어하는 내 마음에 흡족한 옷은 없었다. 결국 나는 빈손으로 돌아왔다.

수많은 관중 앞에서 수필과 詩를 낭송하는 일을 하면서부터 의상에 대하여 눈을 조금씩 뜨기 시작했다. 가장 개성 있다고 생각했던 내 모습은 촌스러운 모습이었다. 대중을 의식해야 하는 문학공연은 정신적으로 경제적으로 부담을 느낄 수밖에 없는 것이다. 또, 어떻게 하면 관중에게 가장 자연스러우면서도 개성 있는 옷차림을 보여줄 수 있을까 생각하지 않을 수 없다. 낭송할 작품과 무대의 분위기에 알맞은 코디방법을 연구하는 일이 암기하여 낭송하는 일만큼 내게는 커다란 숙제이다. 참으로 어려운 일이다.

하얀 레이스 볼레로를 구입하기 전에 고민했던 일이 내 가슴에 멍울진다. 상체가 훤히 드러나는 체크무늬 원피스와 검은색 원피스를 두고 갈등을 했다. 분명 무언가를 하나 걸쳐 입어야만 했다. 옷을 입은 듯 만 듯 한 유행의 시대에 살고 있지만, 원피스만 달랑 입기에는 좀 야했다. 그렇다고 해서 원피스 대신 짧은 치마나 청바지를 입을 수는 없는 상황이었다. 만약 내가 검은색 원피스에 까만 볼레로를 입는다면 장례식장에 가는 분위기가 될 수밖에 없다. 결국 체크무늬 원피스 위에 어머니께 받은 까만 볼레로를 걸치고 첫 공연을 하였다. 이제는 꼭 필요했던 하얀 볼레로를 구입했으니 까만 원피스를 입을 수 있게 되었다.

옷이 날개라고들 하지만 화려한 의상을 입었다고 해서 반드시 좋은 공연이라 할 수 없다. 문학공연만큼은 오히려 화려한 의상일수록 시민들에게 실례가 되지 않을까 생각한다. 무대 의상도 때와 장소, 관객에 따라 정말로 신중하게 선택해야 하는 것이다. 화려하진 않지만 다음 공연 때는 '어머니의 하얀 사랑'을 몸에 두르고 단아한 모습으로 최선을 다해 공연을 하고 싶다.

■ 2006.6.

컴퓨터 이야기 1

나에게는 오래된 벗이 있다. 그의 이름은 TriGem 286+S이다. 내가 태어난 후, 열세 자리의 주민등록번호를 가진 것처럼 그도 9109841이라는 시리얼넘버(S/N)를 출고 시에 부여 받았다. 내가 대학교를 졸업하던 1991년 오월에 그를 구입한 것이다. 그러니까 올해로 십삼 년째 내 곁에 머물러 있다. 이제 그는 빛이 바래 누렇게 퇴색한 얼굴로 가만히 앉아 있다. 세월의 힘을 감히 거역할 수 없는 듯 본체와 키보드가 변색되어 아주 볼품이 없다. 요즘의 신제품처럼 디자인도 세련되지 못하고 투박하기 이를 데 없다.

처음 컴퓨터를 구입할 때의 가격은 160만 원이었다. 그러나 16비트bit짜리 이 컴퓨터는 이제 공짜로 준다고 해도 아무도 가져가지 않는 고물에 불과한 신세이다. 그렇지만 나는 이 친구를 버릴 수 없다. 어쩌면 끝끝내 처분하지 못할 것 같다. 물론 보조기억장

치인 하드디스크의 용량이 매우 적고, 중앙처리장치(CPU)인 마이크로프로세서microprocessor의 처리 능력이 오늘날의 컴퓨터에 비해 현저하게 뒤떨어진다는 것을 나는 잘 알고 있다. 또한 콤팩트디스크, 레이저디스크 같은 광학디스크 드라이브와 마우스 따위의 주변장치도 없다. 운영체제(OS)는 윈도우가 아닌 MS-DOS를 사용하고 있다.

뿐만 아니라 데이터를 별도로 저장하려면 와이어처럼 휘청거리는 5.25인치 플로피디스크(FD)를 이용해야 한다. 때문에 이 컴퓨터로는 현실의 세태에 맞출 수가 없다. 다만, 그 옛날 학창시절에 즐겼던 게임을 하거나 워드프로세서 「한글2.0버전」 등 예전의 구닥다리 소프트웨어만을 사용할 수 있을 뿐이다. 또한, 이 컴퓨터는 인터넷도 사용할 수 없는 열악한 시스템 환경을 갖추고 있다. 그러나 나는 성능이 좋은 새 컴퓨터를 두고도 유독 낡은 컴퓨터로 원고를 작성한다. 삐걱거리는 키보드를 힘껏 내려쳐서 글자를 입력한다. 때론 무척 답답해서 당장 내다 버리고 싶은 충동을 느낄 때도 있다. 그러다가도 이내 마음을 추스르고 그를 한 번 더 어루만지고 쓰다듬어 본다. '이게 어떤 녀석인데……'

정작 컴퓨터가 필요했던 대학 시절에는 우리 집에 개인용 컴퓨터가 없어서 난감했던 적이 많았었다. 교수님께서 과제물을 내어주면 학교 전산실에서 친구들과 함께 밤늦도록 리포트를 작성하곤 했었다. 자기 집에 컴퓨터와 프린터를 모두 가지고 있는 친구는 거의 없었기 때문이다. 그때는 전산과 학생들의 가장 큰 소망이 자기만의 PC를 가지는 것이었다. 그러나 비싼 컴퓨터를 구입하기란 하늘의 별따기만큼 어려웠다.

세월이 흘러 대학을 졸업하고 여학교에 근무하게 되었다. 수업 시간에 아이들에게 가르칠 자료를 준비하다가 컴퓨터가 필요하다는 것을 절실하게 느꼈다. 물론 학교의 컴퓨터를 이용할 수도 있었지만 퇴근을 한 후 집에서도 사용이 불가피했다. 그래서 궁리 끝에 부모님께 사달라고 말씀드렸다. 당시 집안의 형편으로 보아 언감생심 비싼 컴퓨터를 살 수 없었다. 그렇지만 어머니께서 며칠 동안 고심을 하시더니 드디어 사주기로 어려운 결정을 내리셨다. 머지않아 있을 결혼식 때 혼수품목으로 넣어 주려고 했던 것을 미리 사주기로 하신 것이다. 그 후 컴퓨터는 수업준비를 하는 데 톡톡히 역할을 담당해 준 나의 소중한 벗이었다.

한데, 얼마 전에 이 녀석의 얼굴이 숯덩이처럼 까맣게 변했다. 깜짝 놀라 점검을 해보니 모니터의 수명이 천수를 다한 것 같았다. 여러 군데 수리 센터에 문의하였으나 아직도 이런 폐건敝件을 사용하고 있냐고 하면서 지금은 수리가 불가능하다고 머리를 절레절레 내둘렀다. 더 이상의 수리는 안 되고 교체를 해야만 하는 상황이었다. 한참 동안 망설이고 망설이다가 다시 중고 모니터를 구입했다. 나의 친구 본래의 모니터를 수리 센터에 남겨두고 새로 구입한 모니터를 들고 나올 때, 언제까지고 내 곁에 있을 것만 같았던 녀석의 얼굴이 아른거려 눈시울이 뜨거웠다. 지금 내 곁에 있는 해묵은 컴퓨터는 이제 시중에서 더 이상 구경할 수 없다. 덜컥 고장이라도 난다면 끝장이다. 부품이 없어서 교체할 수 없기 때문이다.

요즘 나는 치과에서 치료를 받고 있다. 벌레가 파먹어 이가 많이 침식된 탓으로 오래잖아 합금으로 된 치아를 덮어 씌워야 한다. 나 역시 내 몸의 한 부분을 여러 번 수리하면서 그나마 안도의 숨을 쉰다. 영 망가져서 더 이상 쓰지 못하고 뽑아버리면 어쩌나 매번 가슴이 철렁 내려앉는다. 다행히 그런 경우를 면하게 되어 감사할 따름이다.

암팡지던 나의 PC는 얼굴을 한 번 교체하는, 일생의 숨찬 한 고비를 꺾어 넘었으나 아직도 쓸 만하다. 가끔 키보드 중에서 스페이스바space bar가 충치처럼 애를 먹여 속상하기도 하지만 녀석이 늘 사랑스럽다. 그것은 내 마음의 화면에 첫 번째로 기억되어 쉽게 지워지지 않는 초련初戀을 나눈 벗이기 때문일 게다.

■ 계간 ≪생각과느낌≫ 2004. 여름(30)

「컴퓨터 이야기 1」 그 후

녀석과 정말 헤어져야 하는가 보다. 나는 영원히 녀석과 동행하고 싶은데, 주위에서 은근히 압력을 넣으니 내 마음도 동요가 일기 시작한다. 이제는 녀석을 정말로 보내 주어야겠다고 생각하면서 단단히 각오를 한다. 사람이 죽으면 시신을 깨끗이 목욕시켜 수의를 입히고 입관을 하듯, 나는 녀석의 몸을 구석구석 닦고 먼지를 떨어낸다. 이것이 나와의 마지막 인사라는 정표로 나의 할 도리를 다한다고 생각하면서 말이다.

그리고 차후에라도 보고 싶을 때 언제든지 보기 위하여 녀석의 모습을 디지털카메라에 담기 시작한다. 사방팔방에서 녀석의 모습을 카메라에 꾹꾹 눌러 담는다. 최대한 고운 모습으로 남겨두고 싶어 햇볕 잘 드는 창가에 자리를 마련했다. 한 컷 한 컷 찍다 보니 어느새 수십 장이 넘었다. 백 장이면 어떻고 천 장이면 어떠랴.

나는 녀석의 모습을 최대한 많이 담아두기 위한 몸부림을 치고 있다. 메모리가 허용하는 범위에서 최대한 찍고 싶은 게 솔직한 심정이다.

제대로 찍혔는지 LCDliquid crystal display를 통해 일일이 확인하면서 셔터를 누르고 또 누른다. 마음에 들지 않으면 삭제 버튼을 눌러 휴지통에 버리고 만다. 계속해서 마음에 흡족할 때까지 눌러대고 있다. 하지만, 아직은 안심할 수가 없다. 디지털 카메라에 저장되어 있다 하더라도 컴퓨터로 옮겨 하드디스크 혹은 시디롬에 저장을 하기 전까지는 불안할 뿐이다. 완벽하게 녀석의 초상화를 보관하기 전까지는 헤어질 수 없다는 생각에서다.

컴퓨터 방에는 녀석의 친구가 셋이나 있다. 한 녀석은 얼마 전에 새로 구입한 윈도우 XP용이고, 두 녀석은 중고품으로 윈도우 98용이다. 세 녀석은 책상 위에서 버젓이 앉아 나를 바라보고 있다. 그러나 내 마음은 아직도 거실로 쫓겨나온 이 녀석에게만 온통 집중되어 있다. 나는 이미 두 대의 중고 컴퓨터를 버린 적이 있다. 그럼에도 불구하고, 애물단지 같은 이 녀석한테만 유독 애정과 연민과 집착을 가지고 지금 고민 중이다. 나처럼 어리석은 사람은 결심만 하는 것인가 보다. 모질게 마음을 먹고 실천을 하려고 몇 번이나 시도를 해 보았지만 나는 여태껏 망설이고 있다.

내가 잠시나마 냉정한 마음을 먹은 연유가 있다. 지난여름 계간 문예지에 「컴퓨터 이야기 1」이 발표된 후, 내 글을 읽은 독자들의 반응 때문인지도 모르겠다. 정든 은사들과 막역한 지기들이 내게 메일을 보내왔다. 그들은 대부분은 잘 읽었다는 말과 책을 보내주어 고맙다는 정도의 내용이었다. 한데, 가장 오랜 친구로부터 받은 메일은 달랐다. 그는 내게 조심스럽게 부탁조로 말했다.

"잔은 비워야 채워지는 법이다." 라고 말하면서 오래도록 함께 해 온 내 컴퓨터를 미련 없이 버리라고 했다. 절친한 그 친구가 한 말을 곰곰이 곱씹어 보면서 며칠 동안 생각에 잠겼다. 법정 스님의 '무소유'에 대하여도 생각을 해 보았다. 정말 내가 미련이 많은 것인지 아니면 집착이 강한 것인지 나도 모르겠다. 하지만, 내가 분명하게 알고 있는 것은 한칼에 두부를 자르듯 매정하게 끊을 수 없는 '첫 정' 때문이 아닐까 싶다.

사람이건 물건이건 혹은 함께 살아온 동물이건, 하찮은 화초 한 포기에도 우리는 정을 주고 살아간다. 정을 나누기 때문에 사람답게 살아갈 수 있는 것이 아니겠는가. 정이 없으면 무슨 재미로 한세상을 살아갈까. 비록 낡아서 고물이라고는 하지만 처음부터 낡았던 것은 아니었으며, 애초부터 구닥다리는 아니었다. 세월이 그만큼 흘러갔기 때문에 자연히 풍화가 되어 볼품이 없어지고 기능이 떨어지는 것이 아니던가. 고목은 처음부터 고목이 아니었다. 사람도 마찬가지로 처음부터 노인이 아니었다. 고목도 처음에는 새싹처럼 파릇파릇한 어린 나무였고, 노인 또한 곱고 보드라운 피부의 어린아이였다. 비단 고목과 노인뿐이겠는가. 우주의 삼라만상이 모두 풍화를 겪으면서 늙어가고 소멸되어 가는 것이 섭리일진대.

비워야 채워진다는 말이 틀린 말은 아니다. 물이 흘러야 썩지 않는 것처럼 세대의 교체는 당연히 이루어져야 한다. 그렇지 않으면 세상은 온통 흉물스런 것들로 넘쳐 지구는 더 이상 감당할 수 없을지도 모른다. 새것에게 자리를 내어주는 양보의 자연법칙이 있기에 세상은 순환을 하고 유지되는 것이리라. 이를 잘 알면서도 나는 아직 미련을 떨치지 못하고 있으니 얼마나 어리석은 사람인가.

강경하게 고수하는 나의 바보스러움을 질타하는 지기의 핀잔이 썩 내키지는 않는다. 가자미눈으로 쏘아붙이고 싶은 게 솔직한 내 마음이다. 그러나 이젠 정말 인연의 끈을 놓아줄까 한다. 내가 녀석을 너무 붙잡고 있는 것은 아닌지. 앞으로 계속해서 버틴다면 내가 죽지 않고 영겁으로 존재하겠다고 떼를 쓰는 것과 다를 바 없다.

우주 만물이 세상에 태어나 존재하는 동안 제 임무를 다하였다면 그것으로 더할 나위 없는 광영이 아니겠는가. 다만, 한 가지 우리가 노인에게서 지혜를 배우듯 현재는 아무리 보잘 것 없고 쓰레기 같은 존재라 하더라도, 한때는 그 어떠한 물건과 생명체도 아주 귀중하게 쓰였으며 그것의 기능과 힘으로 이 세상이 존재하고 있다는 것을 잊지 않으리라. 나는 이제 나의 분신 같았던 녀석을 내 가슴에 묻어야 하는 슬픔보다도 그가 나를 영원히 기억해 줄 것인지 그것을 서러워하는 것이다.

■수필사랑 동인지 제7집 ≪수필사랑≫ 2005.(여름)

게임 왕

컴퓨터 학원의 출입문이 열린다. 목련꽃처럼 말쑥하게 차려입은 사내아이 둘이 다정하게 들어온다. 선생들은 아이들에게 다정하게 인사를 건넨다. 아이들도 참새처럼 재잘거린다. 초등학생 형제가 수강을 하러 온 것이다. 동생은 초롱초롱 눈동자를 반짝이며 형의 팔을 끌어당긴다. 형은 동생에 비하여 어딘지 어수룩해 보인다.

어제 아이들의 어머니가 학원을 다녀갔다. 그녀의 말에 의하면 형은 농아聾啞이다. 듣지 못하고 말도 못하는 이중 장애를 지녔다. 그렇지만 평소 컴퓨터에 남다른 흥미를 느끼고 호기심이 강하다. 마침, 동생이 컴퓨터를 배우러 간다고 해서 함께 배우도록 배려했다. 장애를 지닌 큰아이가 걱정이 되어 동생을 믿고 보낸 것이다. 물론, 원장과 나에게도 간곡한 부탁을 한 터이다.

원장과 내가 특별히 애정을 가지고 가르쳐야 할 수강생이기에 서로 부담이 적지 않다. 그렇더라도 배우겠다는 굳은 의지로 찾아온 그 아이를 누구도 거부할 수 없다. 아이의 어머니도 동생이 형을 잘 보살펴주므로 걱정할 것 없다고 했다.

형제는 매일 같은 시간에 와서 짝꿍이 되어 함께 수업을 듣는다. 나는 언제나 형 옆에 함께 앉는다. 아이들은 부지런히 학습을 따라한다. 동생은 건강한 몸이라 아무런 어려움이 없다.

문제는 형이 듣지를 못하는 데 있다. 나는 형 옆에서 일일이 직접 지도를 한다. 간혹 동생이 도움이 되고 있다. 형이 이해를 했는지 궁금해서 동생에게 물어본다. 동생은 형에게 다시 물어본다. 그러면 형은 고개를 끄덕인다.

나는 그제야 안도의 숨을 쉰다. 형은 동생이 옆에 있는 것을 원한다. 나도 동생이 옆에 있어야 형이 강의 내용을 제대로 이해했는지 알 수 있기 때문이다. 서로 눈치코치를 보아가며 손짓과 몸짓으로 표현을 한다.

귀가 들리지 않는 아이가 어떻게 알아들을 수 있는지 신기하다. 장애인에게는 보통사람이 갖지 못한 뛰어난 감각기능이 있어 삶에 활력을 불어넣는 것 같다. 귀와 입이 불편한 대신, 눈으로 읽어 내는 감각기능이 탁월하여 뒷받침하는 것 같다. 비장애인들은 건강한 몸을 늘 감사하게 생각하며, 장애인의 마음을 항상 헤아려야 할 것이다.

다행스럽게도 아이들이 즐겁게 공부하는 것 같아 학원의 모든 교사들도 미소를 짓는다. 강의가 끝나고 휴식시간이 되면 형제는 게임을 즐긴다. 형의 모습이 너무도 천진난만하다. 키득키득 웃으며 게임에 심취한 어린 천사가 대견스럽다.

동생은 형을 힐끔 쳐다보며 좋아서 박수를 친다. 형은 게임의 왕자 같다. 게임 솜씨가 보통아이들에 비하여 뛰어나다. 아마도 타고난 재주가 있는 것 같다.

수강생들이 우르르 몰려와 구경을 한다. 원장과 교사들도 웅성거리는 소리에 가까이 다가가 구경을 한다. 형의 게임 솜씨에 모두들 입을 다물지 못한다. 게임대회를 개최해 보면 어떨까 하고 원장은 말한다.

본래 학원에서는 강의가 없는 토요일에 수강생들에게 컴퓨터를 개방한다. 집에 컴퓨터가 없는 아이들을 위하여 베푸는 작은 성의이다. 누구든 마음을 열면 많은 사람들이 행복해진다. 평소 수강생들은 저희들끼리 게임 경기를 한다. 오늘은 원장이 형의 실력을 지켜보다가 좋은 착상을 하고, 2주 뒤에 정식으로 학원 내 게임대회를 거행하기로 교사들하고 결정을 내린다.

게임대회 날이다. 수강생들은 학교 수업을 마치자마자 학원으로 벌떼처럼 몰려온다. 게임대회는 시작되고 아이들은 사뭇 진지하다. 막상막하의 실력이다. 학원은 뜨거운 열기로 가득하다. 정해진 시간 내에 최고의 득점자를 가려서 게임의 왕을 뽑는다.

시간은 점점 막바지로 치닫고 게임에 참가한 수강생들의 표정이 뜨겁다. 모두 최선을 다해 최고가 되고자 한다. 동생의 게임 실력도 만만찮다. 하지만 역시 형의 능력을 능가하지 못하는 것 같다.

종료 시간을 알리는 원장의 호루라기 소리에 일제히 게임은 끝난다. 최고 득점자는 예상했던 대로 듣지 못하고 말 못하는 형이다. 원장은 최고의 득점자를 형이라고 공표한다. 형이 'Game 王'이 된 것이다. 동생은 기뻐서 껑충껑충 뛰며 형을 끌어안는다.

형은 기뻐서 '우— 우—' 소리를 낸다. 기쁜 감정을 말로 표현하지 못하는 형을 안타까운 마음으로 바라본다. 그렇지만 형이 너무나 자랑스럽다. 동생과 형의 눈가에 촉촉하게 맺힌 이슬이 햇살에 반짝인다.

■ 2003. 10.

가르치는 일 1

어린 시절, 나의 꿈은 초등학교 선생님이 되는 것이었다. 그래서 그 꿈을 향하여 열심히 노력하리라 다짐을 했었다. 내 꿈을 가지도록 이끌어준 그분은 바로 6학년 때 담임 선생님이셨다. 그분은 칭찬을 하실 때 나의 목덜미에 부드러운 손을 얹어 쓰다듬어 주시며 다정하게 말씀하시곤 했다. 나는 선생님의 온유하신 그 모습에 매력을 느껴 그때부터 선생님이 되기로 결심을 했다.

나는 '직업적인 선생'보다는 '참된 스승'이 되고 싶었다. 내 삶 속에는 두 갈래의 선생님이 계셨다. 4학년 때의 담임은 폭력을 일삼으며 아이들을 체벌하는 데 집중했었다. 5학년 때의 담임 또한 매일 술에 찌들어 사는 술 탁보 선생이었다. 그러나 그보다 더 참을 수 없이 미운 선생은 제자들의 행실을 성급하게 판단하고 왜곡하는 선생이었다.

그동안 가르치는 일을 적잖게 해왔다. 한때 나는 여러 컴퓨터 학원에서 아동을 가르치기도 했고, 어느 때는 여중·고에서 여학생들과 교감선생님 이하 여러 선생님들을 가르치기도 했다. 뿐만 아니라, E컴퓨터 회사에서 PC나 워크스테이션을 사용하여 높은 품질의 인쇄물을 생산하는 DTPdesktop publishing 즉, 탁상출판 시스템 교육을 전담하기도 했다. 하드웨어 가격이 너무 비싸서 DTP 시스템이 보편화하지 못해, 인쇄소에서만 가능했던 여러 가지 일들에 DTP 시스템을 활용하는 기술을 가르치는 일에 자부심을 느끼며 흠뻑 빠져 지냈다.

제자에게 단순한 지식을 반복적으로 나눠주는 것은 쉬운 일이다. 그러나 그들에게 가슴에서 우러나오는 사랑을 주고 꿈과 희망을 심어주는 참된 스승이 되기는 너무나 힘든 일이다. 더구나 나보다 나이가 많은 사람들을 가르친다는 것은 더더욱 어려운 일이다. 뿐만 아니라 나에게 배우는 사람이 잘났건 못났건, 재능이 있건 없건, 심성이 곱든 밉든 모두 끌어안아야 하는 일이 말처럼 쉬운 것은 아니다. 각양각색의 사람을 아우르는 일이 너무도 어렵고 고된 일이라는 것을 절실하게 깨달은 바가 있다.

수많은 학생들과 다양한 계층의 사람들에게 두뇌에 쌓아두었던 지식을 나눠주는 일을 하면서도, 내가 진정한 스승이 될 수 없는 미약하고 부족한 사람이라는 것을 깨달았을 때 회의가 들었다. 스승의 은혜는 하늘같아 우러러 볼수록 높아만 진다고 했건만, 나는 성격이 조약돌처럼 둥글지 못하고 깨진 유리조각 같이 날카로웠다. 그러므로 내 머리 속에 담은 지식은 우주만큼 넓고 깊은 지혜가 아니라, 고작 호두 같이 작고 절편 같이 얄팍한 지식에 불과했다. 그제야 내 자신이 참을 수 없는 가벼운 존재라는 것을 알았다.

어느 날이었다. 함께 근무를 하던 동료 교사가 고민을 털어놓았다. 한문 과목을 담당하던 그가 나에게 다가와 "김 선생, 중이 제 머리 못 깎는다더니 내가 그 짝입니다. 내 아들놈 하나 가르치는 일이 왜 이리 힘이 드는지. 울컥하는 마음에 자꾸만 주먹부터 올라가서 아주 죽을 맛입니다." 했다. 만삭의 몸인 나는 "그러게 말입니다. 하지만, 제 자식을 가르치는 일보다 더 힘든 일은 내 속의 나를 가르치고 다스리는 일이 아닐까 싶네요. 미움의 씨앗일랑은 저 하늘 구름밭에 뿌리고, 태교胎教를 하는 정성으로 열정을 태워보세요." 하며 권했다.

그러나 훌륭하신 스승님의 뒤를 따르지 못하고 나 역시 중도에서 하차를 하고 말았다. 남을 가르친다는 것, 그것은 바로 자기 자신을 수행하는 길이며 고통의 길이다. 또한, 끝없이 배우는 득도의 길이며 희망을 열어주는 인도의 길이기도 하다. 지금 내게 다시 그런 기회가 주어졌지만 나는 또 망설이고 있다. 내가 정말 가르칠 자격이 티끌만큼이라도 있는지 자문을 해본다. 고승高僧 대덕大德께서 스스로 머리를 깎지 못하듯, 나 스스로도 내 자신을 다스리지 못하는데 하물며 타인을 가르친다는 것은 깊이 생각해 볼 일이다. 서양의 학자 '베네트'는 그가 쓴 『문화와 자유교육』이라는 책에서 '유일하고 참된 교육자는 스스로를 교육한 사람이다.' 라고 갈파한 바 있다. 자기 자신을 교육할 줄 모르는 사람이 남을 교육해서는 아니 된다는 뜻을 가지고 있다.

며칠 전부터, 나는 학생을 맡아달라는 권유를 받고 고민하며 밤잠을 설치고 있다. 그러나 지금 누구를 가르치기 이전에 내 자신을 청소하고 가르치기도 바빠서 눈코 뜰 새 없는 사람이기에 거절해야겠다. 수성의 하루는 지구의 일 년보다도 길건만, 나의 하루는 10초 같이 짧기만 하다. 그러므로 여태 한 번도 가보지 않은 또 다른 길에 나는 더 매혹을 느끼고 배우느라 여념이 없다. 나는 아직 열매를 맺지 못한 한 그루의 나무다. 그러나 내가 지금까지 경험한 것과 앞으로 배우는 일들이 튼실한 열매를 맺을 날이 꼭 오리라 믿는다. 누군가를 가르치는 일은 그때 생각해 볼 일이다.

■ 수필사랑 동인지 제8집 ≪수필사랑≫ 2005.(겨울)

가르치는 일 2

'동창 서○○ 결혼식. 금일 상주귀빈예식장 오후 2시. 축하요망'

동창회로부터 문자메시지를 받고 조금 당황스럽다. 아닌 밤중에 홍두깨라더니, 사전 통보도 없이 결혼식 당일에 날아온 문자를 보고 놀라지 않을 수 없다. 더구나 평일 아침에 갑작스레 소식을 접하였기에 참석하지 못함을 아쉬워한다. 예식장에 참석은 못하더라도 전화 한 통 정도는 해야겠다고 생각하는 순간, 풋풋한 추억의 한 조각은 고향의 초등학교 운동장에 머무르다 이내 교실로 향한다.

초등학교 6학년 2반 교실!

시골 학교의 아담한 교실에 남학생과 여학생 둘이 앉아 '나머지 공부'를 하고 있다. '산수'과목을 잘하는 여학생은 구구단을 못 외운 짝꿍에게 공부를 시키고 있다. 아무리 가르쳐도 진도가 나가지 않자 여학생은 속이 상한다. 머릿속에는 온통 빨리 집에 가야 한다는 생각뿐이다. 눈코 뜰 사이 없이 바쁜 추수 계절, 들에 나가서 가을걷이를 하는 부모님의 일손을 도우려면 서둘러 가야만 한다. 엉덩이가 연신 들썩인다.

그러한 속사정을 아는지 모르는지 담임선생님은 여학생을 붙잡아 두고 학력이 부진한 친구에게 봉사하라고 책임을 지웠다. 인자하기 이를 데 없는 담임선생님처럼 먼 장래에 가르치는 일에 종사하고 싶어 하는 여학생이지만 지금은 마음이 콩밭에 가 있다. 산수 공부를 너무 못하는 짝꿍이 원망스러운 것인지 담임선생님이 미운 것인지 종잡을 수 없다.

남학생은 심성이 착하지만 왠지 공부에는 영 소질이 없어 보인다. 자꾸 딴전을 피우자 여학생은 앞으로 계속 이러면 큰일이다 생각하며 안절부절못한다. 이윽고 가르치는 일에는 강한 인내심이 필요하다는 것을 느끼며 서쪽하늘이 물들 무렵 비로소 교문을 나선다. 내심 '녀석이 내일 결석했으면' 하는 마음도 없잖다. 그녀는 오로지 일손이 달리는 부모님 생각뿐이다.

돌아보면 참으로 아득한 시절의 이야기다. 벌써 삼십여 년이 다 되어 가는 추억 속의 그가 오늘 결혼을 한다. 베트남 처녀와 함께 백년가약을 맺고 부부가 된다. 오랜 세월 동안 소식 한 자 모르고 지내다가 오늘에서야 그의 소식을 접한다.

그는 고향땅을 일구어 참외 농사를 짓는 농부다. 그가 이제 마흔 줄에 들어 장가를 간다는 소식을 듣고 많은 생각에 잠긴다. 고향에 있는 또 다른 친구도 몇 년 전에 베트남 여자와 결혼을 했다. 이것이 지금 우리 농촌의 현실이다. 농촌 총각들의 현실이 피부에 와 닿는다. 마음이 짠하다. 생각해 보니 학창시절에 좀 더 자상하게 가르쳐 주지 못한 것이 왠지 마음에 걸린다.

어찌되었건 아들딸 많이 낳고 행복하게 잘 살기를 기원한다. 남편 하나 믿고 한국으로 시집오는 아내에게 우리 한국말을 자상하게 잘 가르쳐 주길 바라며.

고등학생인 큰아이는 요즘 일본어에 관심을 갖고 열심히 배우는 중이다. 며칠 전, 큰아이는 시내 외국어학원에 보내달라고 말했다. 학원비가 비싸서 큰 걱정을 하던 중, 기쁜 소식을 전해 주었다. 같은 반 친구가 선뜻 가르쳐 주겠다고 하였다. 큰아이의 영어과외비도 만만찮은데 일어공부까지 시킬 여력이 없어 미안하다. 그렇더라도 똑똑한 친구를 둔 큰아이가 마냥 부럽다. 친구에게 고마움의 표시로 작은 성의를 표하라고 했다.

둘은 점심시간을 쪼개어 열심히 일어를 가르치고 배우고 있다. 교학상장의 우정을 키우고 있어 매우 흐뭇하다. 큰아이 친구는 이미 오래전부터 일어 공부를 해왔기에 상당한 실력이다. 두 아이는 장차 일본으로 유학을 가고 싶다며 일어 공부에 매진하며 올 연말에 있을 JLPT(일본어능력시험) 준비 중이다. 기특하여 업어주고 싶은 마음이다. 꿈을 향해 열심히 공부하는 모습은 얼마나 아름다운가. 비단 학창시절에만 공부하는 것이 아니라 평생에 걸쳐 죽을 때까지 학문을 닦는 일은 삶의 윤활유가 될 것이다.

가르치는 일을 업으로 살아가는 수많은 사람들이 있다. 꼭 업이 아니더라도 나보다 좀 더 나은 사람에게서 지식을 얻는 일은 기쁨이 아닐 수 없다. 물론 지혜는 스스로 쌓는 법이지만 남에게 배운 지식이 있어야 지혜도 생겨나는 것이라 생각한다.

나 역시 어린시절부터 가르치는 일을 많이 해 보았지만, 가르치는 사람도 배우는 사람도 성실하고 굳은 인내심이 필요하다는 것을 배웠다. 가르침에 제대로 따르지 못하는 사람을 향한 인내심이 없으면 절대 못하는 일이 바로 '가르치는 일'이라 생각한다. 성질이 급한 사람은 참지 못하고 주먹부터 올라가기 때문이다.

오늘 결혼하는 친구는 아내에게 성심껏 한국말을 가르치고, 또 그의 아내 되는 사람은 자신의 모국어를 가르치게 될 것이다. 두 사람이 서로서로 가르치며 그렇게 한 세월을 동고동락하리라 믿는다. 인복人福이 많아서 그러한지 나 역시 좋은 분들에게 많은 지식을 배우고 있다.

가르치는 일, 아무나 할 수 없는 업業이다. 나는 '가르치는 일'보다는 새로운 것을 '배우는 일'을 더 좋아한다. 평생토록 배우는 것을 우선하며 나 자신을 엄하게 가르치는 것에 소홀하지 않으련다.

■ 2007.10.

입, 그 잔인한

'무엇이나 깨진 것은 칼이 된다.'

어느 시인은 이렇게 말했어. 그건 아마도 '칼만 칼이 아니다' 하고 역설하는 것처럼 느껴져. 세상에는 칼의 종류도 수없이 많아 헤아리기도 숨이 차지. 무기용, 수술용, 부엌용, ……. 그런데 말이야, 칼은 모두 유용하게 쓰면 쓸수록 우리의 삶을 한층 풍요롭고 빛나게 하지. 반면에 살인이나 살생 등 나쁘게 사용하면 흉악한 무기가 되는 것 아닐까.

나는 세상에서 제일 무서운 칼을 하나 가지고 있지. 그건 바로 내 입속의 '혀' 란 놈이야. 이 녀석은 주인을 잘 만나야 하는 것 같아. 사람들은 자기 몸에 달린 입이라고 함부로 다루는 것 같거든. 돈이 안 드니까 그럴까. 세상에서 하나뿐인 소중한 내 몸에 달린 입이잖아. 그럼 입도 소중하게 간직하고 유용하게 써야 하는 것 아닐까. 하지만 길바닥에 뒹구는 돌보다도 못하게 쓰는 사람들이 많이 있지.

나는 내 입이 얼마나 무서운지 잘 알고 있거든. 그래서 늘 입을 경계하고 있어. 아차 하고 실수를 하는 날에는 내 혀에 내가 베일지도 몰라. 그러면 큰일이지. 암 그렇고 말고.

사람들은 늘 위태로운 존재이기에 서로에게 상처를 곧잘 입히곤 하지. 깨어진 그릇처럼 서로 칼을 갈고 겨누며 사금파리처럼 날을 세우거든. 인간이 이성을 잃었을 때 한 번 잘 살펴봐. 누에처럼 고치에서 부드러운 실을 뽑아내는 것이 아니라, 입속에서 부서진 칼날을 속사포처럼 쏘아대잖아. 입만 열었다 하면 남을 찌르는 사람도 있고.

한때는 달변가達辯家를 부러워한 적도 있었지만 이젠 생각이 달라졌어. 해서 나는 벙어리처럼 말없이 살려고 노력하고 있어. 쓸데 없이 말을 많이 하다 보면 실수를 하게 되고, 그 실수는 또 상처를 낳게 되니까. '고기는 씹어야 맛이고 말은 해야 맛이다.' 라는 속담도 있지만 그것보다는 '가루는 칠수록 고와지고 말은 할수록 거칠어진다.' 는 쪽에 쌍수를 드는 편이 나을 것 같아. 말 많은 우리 사회! 그 말끝에는 항상 '실수' 란 놈이 뱀처럼 똬리를 틀고 기회를 보고 있어. 그러니까 말조심, 아니 입 조심 해야 옳겠지.

사람은 누구나 입속에 칼 한 자루씩은 물고 사는 것 같아. 다만, 교양과 지혜가 있는 사람은 그 칼을 잘 다룰 줄 안다는 거지. 무지하고 교만한 사람은 그 칼을 함부로 휘두르다가 제 발등을 찍고 말 거야. 자기보다 나은 사람을 비방하거나 헐뜯는 데 사용하기도 하고, 온갖 추잡스런 음담패설이나 육두문자를 쓰는 데 이용하기도 하니까. 결국 누워서 침을 뱉는 격이 되는 것 아니겠어. 또, 절제와 균형 없는 언행으로 자기의 위신을 추락시키고 말 테니까.

나는 그것이 가장 두려워. 내 입속에 들어 있는 칼도 언제 다른 사람을 찌를지 모르니까. 하여간, 조심하고 또 조심해야겠어. 내 입속의 칼!

■ 2007.

동인

전화벨이 울린다. 이 시간에 누굴까 생각하며 수화기를 든다. 부산한 아침, 남편은 일터로, 아이들은 학교로 떠나고 '나홀로'족이 되어 거실에서 식사 중이다.

"내여, 뭐 해여?" 하고 묻는다. "응. 밥 먹어여." 하고 대답하며 웃음을 짓는다. 수화기 반대편에서 들려오는 친구 혜숙의 목소리는 정답고 구수하다. 나는 혜숙이 하고 통화를 할 때면 일부러 고향 말투를 즐긴다. 유독 고향 말씨를 즐겨 쓰는 친구가 세 명 있는데 그 중 하나이다. 이 친구와 대화를 할 때면 고향의 안온한 품안에 안긴 듯하다.

나는 중학교를 졸업할 때까지 상주 화동에서 살았다. 그러다가 대구에서 고등학교를 다니게 되어 고향을 떠날 수밖에 없었다. 명덕 네거리 근처에서 처음 자취생활을 하게 되었을 때 나는 고향 말투를 피했다. 도회지 사람들이 촌사람이라고 업신여길 것 같은 생각이 들어서였다. 내 고향 상주의 말투는 본래 말끝에 '-여'자로 끝난다. 하지만, 나는 '-요'로 바꾸어서 말했다. 시장에 반찬거리를 사러 가면 가게 주인에게 "아주머니, 이것은 얼마예요?" "아저씨, 저것은 얼마입니까?" 라고 부드럽게 음성을 낮추어 말했다. 사람들은 나를 바라보며 "학생은 고향이 어디고? 서울서 왔나 보지?" 하고 물었다. 나는 그렇게 해서 자연스럽게 서울 사람처럼 되어 버렸다.

주말이면 북부정류장에서 버스를 타고 고향을 갔다. 도중에 고향 친구나 아는 사람을 만나면 당연히 고향 말투로 인사를 나누고 이야기를 했다. 외롭고 힘든 도시생활에서 고향으로 향할 때는 참으로 편안함을 느꼈다.

그렇게 세월이 흐르면서 나에게 차츰 변화가 생겼다. 학교에서 매일 만나는 친구들과 선생님들 그리고 이웃사람들과 이야기를 하게 되자, 나도 모르게 삼투압滲透壓 현상처럼 대구 말투가 스며들었다. 잔뼈가 굵도록 자란 고향의 말투 속에 내 의지와 상관없이 "언지예, 알라들이 안 캅니까? 문디들 와 이카노? 어데예." 라는 말들이 섞여 있었다. 뿐만 아니라 '뺀데기, 밥부재, 산만데이, 쌔비렀다' 라는 어휘들이 불쑥불쑥 튀어나왔다.

시골 사람이 도시에서 살아가려면 사투리나 지방의 특유한 말씨 때문에 어려움을 많이 겪는다. 한 번은 한의원에 간 적이 있다. 한의사는 진료를 마치고 마지막으로 처방 약에 대해서 이야기 했다. "딸기 놓은 것을 드릴까요?" 그 말을 듣는 찰나 나는 내 귀를 의심했다. '딸기? 웬 딸기를 한약에?' 나는 마음속으로 되뇌면서 그에게 되물었다. "딸기요?" "네. 딸기 놓은 것 드릴까요?" "딸기라구요?"

그제야 의사는 내 뜻을 알아차리고 '처방에 맞추어 미리 달여 놓은 한약이 있다'는 말이라는 것을 설명했다. 이렇게 방언 때문에 당황스러웠던 기억이 수없이 많았다. 대구에서 오래도록 살아온 그 한의사의 사투리가 표준말이었다면 나는 쉽게 이해했을 텐데.

몇 해 전, 나는 어린 두 아들과 함께 열차를 타고 서울을 갔었다. 수년 만에 존경하는 스승님을 뵙고, 내친김에 서울에 거주하는 고향 친구도 만났다. 한데, 그 친구는 고향 말투는 거의 사라지고 서울 말씨에 아주 익숙해 있었다. 나는 적잖게 서먹함이 느껴졌다. 그 친구는 대구에서 여러 해 동안 살다가 서울로 남편을 따라간 친구였다. 대구에서는 대구 말씨를 아주 유창하게 쓰더니, 이제는 완전히 서울 사람이 되어 있었다.

새로운 생활에 빨리 적응하기 위해서는 나름대로 비법을 터득해야만 한다. 그런 면에서 본다면 단연 그 친구의 장점이라고 볼 수 있다. 우승열패優勝劣敗의 논리에 따라 환경이 바뀌면 자신도 모르게 답습하며 따라가야만 되는 것 같다.

그러나 오랜만에 만난 죽마고우의 입에서 고향의 흔적을 찾아볼 수가 없어 거리감이 느껴졌다. 나 역시 지금은 대구 사람이나 마찬가지다. 고향을 떠나온 지 이십여 년이 되었고, 연고가 없으니 찾아갈 기회마저 사라진 지 오래 되었다. 그렇다고 고향을 아주 잊고 사는 것은 아니지만, 어딘지 서운한 느낌이 드는 것은 나 혼자만의 느낌일까?

'있잖아. 아이? 아이?' 나는 이 말을 제일 좋아한다. '아이?' 라는 말은 통념상 확인을 뜻한다. 자신이 전달하는 말의 뜻을 상대방이 이해했는지 묻는 말이다. 이 말은 정이 많은 내 어머니의 모습이요, 정겨운 내 고향의 풍경이다. 나는 세 명의 친구가 들려주는 이 말투 속에서 잠시나마 타인이라는 생각을 잊을 수 있어서 즐겁다. 고향을 떠나 이방인처럼 떠돌던 나에게 나의 존재의 뿌리를 일깨워 주기 때문이다. 변함이 없는 말투로 나를 즐겁게 하는 친구들이 있기에 고향은 영원히 나의 가슴에 살아 숨쉬고 있다.

살다 보면 때때로 '그래여, 맞아여!' 하며 맞장구쳐 주는 친구의 얼굴이 아롱거린다. '아니다'라는 의미의 '안 그래여—' 하며 능청을 떨며 잡아떼는 모습도 눈앞에 선하게 떠오른다. 나이를 먹을수록 고향 생각이 자꾸 나는 것은 인지상정인가 보다. 경상도 사람은 다소 무뚝뚝하지만 소박하고 구수한 정감이 흠씬 느껴진다. 하여, 서로 옷깃을 스치고 인사를 나누며 천년만년 살고지고. '그래여?' '안 그래여?'

■ 계간 ≪수필세계≫ 2005. 봄(04)

꼬리표

남편의 양복을 세탁소에서 찾아왔다. 보송보송하게 드라이클리닝한 양복을 장롱 안에 걸어 놓다가 비닐 커버에 붙은 꼬리표에 눈이 멈추었다. 세탁물을 맡긴 날짜와 남편의 이름이 또렷하게 적힌 흰 꼬리표가 팔랑거린다.

사람은 누구나 꼬리표를 달고 산다. 백화점에서 파는 물건에 꼬리표가 몇 개나 달려 있듯 나에게도 꼬리표가 여러 개 달려 있다. 한 남자의 아내라는 꼬리표, 아무개의 엄마라는 꼬리표, 그 중에는 작가라는 꼬리표도 하나 붙어 있다. 내게 붙은 수많은 꼬리표는 내가 살아가는 삶에 활력소가 되고 윤활유가 되어 생기를 불어넣는다. 세상사람 어느 누구든 각자의 꼬리표는 자신이 만들어 간다. 내게 달린 꼬리표는 어느 것 하나 쉽게 된 것이 없다. 그에 상응하는 대가代價를 톡톡히 지불하였다. 결혼, 출산, 창작 등 힘겨운 노력을 했기에 얻을 수 있었던 것 같다.

나는 앞으로 더 많은 꼬리표를 달고 살아갈 것 같다. 내가 노력한 만큼의 대가로 주어질 꼬리표. 나는 좀 더 특별한 꼬리표를 하나 더 갖고 싶다. 그것은 '베스트The best'라는 꼬리표이다. 이것은 내 욕심이기도 하고, 소망이기도 하다. 아내로서의 주어진 역할과 엄마로서의 역할뿐만 아니라 명분에 맞도록 달린 꼬리표마다 최선의 의무와 책임을 다해야 할 것이다. 일인다역一人多役의 역할이 쉽지는 않다. 하루 24시간이 그리 넉넉한 것도 아니다. 유한한 삶을 살면서 시간적으로나 공간적으로 모두가 턱없이 부족하다. 그러나 부족한 가운데에서도 알뜰살뜰 소중한 삶을 가꾸어 가는 것은 아름다운 일이다.

삶의 무게에 짓눌려 때론, 몇 개의 꼬리표를 떼어 버리고 싶은 욕구가 치솟아 감당치 못할 때도 있다. 아내라는 꼬리표는 나에게 후덕하고 순종하는 양처이길 요구한다. 남편을 위해 말끔한 양복과 와이셔츠를 준비하고, 김이 모락모락 피어오르는 뜨끈한 아침식사를 차려 놓도록 한다. 아무개의 엄마라는 꼬리표 또한 인내하고 희생하는 현모가 되라고 한다. 아이들을 위해 손빨래와 청소를 하고, 간식을 꼬박꼬박 챙겨주며 사랑의 손길을 보내도록 한다. 수많은 꼬리표들은 제각각 나름대로 나에게 필요한 역할을 분담시키고 혹독하게 부려먹는다. 하지만 그 모든 꼬리표들은 의협심이 강해 서로 힘을 모아 '작가'라는 꼬리표에게 용기를 쏟아 붓는다.

내가 글을 쓸 때만큼은 그 어떤 꼬리표도 방해를 하지 않고 배려를 한다. 그래서 가장 자유롭고 평화로울 수 있다. 이것은 다른 꼬리표들과 더불어 조화를 이루기에 가능한 것이다. 내가 행복할 수 있는 배경은 나만의 꼬리표들이 있기 때문이다. 세상에는 나와 동일한 사람이 결코 있을 수 없음이다. 내 삶 속에 평화와 생기를 팍팍 불어넣는, 내 꼬리표가 정말 마음에 든다. 세탁소에 맡겨진 수많은 세탁물들이 제각각 꼬리표를 달고 있듯이, 사람들도 각각 꼬리표를 달아가며 살아가는 것일 게다.

꼬리표가 사라진다는 것은 세상에서 더 이상 존재하지 않음을 나타낸다. 삶이 마감하는 날에도 꼬리표가 하나 더 붙을 것이다. '사람의 평가는 관棺 뚜껑을 닫은 후'라는 말이 있다. 무덤 속에 들어가는 때까지 최선을 다해 마음의 밭을 일구어 나가련다. 사후의 꼬리표를 위하여 나는 뼈를 깎는 인내로써 주어진 삶을 정진해 가련다.

■ 계간 ≪대구문학≫ 2004. 봄(58)

시간에 관한 명상

헐어 놓기가 바쁜 게 시간이라 했던가. 요즘 들어 부쩍 시간의 중요함을 뼈저리게 느낀다. 쏜살같은 세월이 야속하다.

과학문명이 발달하여 사람의 수명은 길어졌다. 이제는 '인생 칠십 년'이라는 일반론도 무색해진 것 같다. 새로 '인생 팔십 년'이라고 내게 적용시켰을 때 나는 어느새 절반을 넘기고 말았다. 마흔까지를 전반기로 볼 때 나는 어느새 후반기에 접어든 셈이다.

"돈은 빌려 줄 수 있으나 시간은 빌려주지 않겠다."는 어느 선배의 말씀이 떠오른다. 그만큼 시간에 대한 애착이 남다르다고 생각한다. 하릴없이 시간을 때우는 사람들은 이해 못할지도 모른다. 나 역시 때때로 시간을 아무 뜻 없이 보낸 것에 대하여 책망하지 않을 수 없다.

내 나름대로 열심히 살려고 노력했다지만 삶이란 결코 만만한 것이 아니었다. 언제나 복병이 숨어 있었다. 예상치 못한 사건들이 생겨 나를 당황스럽게 하였고, 그때마다 고속도로를 포기하고 지방도로로 돌아가게 하였다. 운전을 하다 보면 '돌발' 상황이 발생하듯 내게 어떤 물리적인 힘들이 가해져 계획했던 진로를 방해하였다. 그렇게 미처 생각하지 못한 장애물로 인하여 나는 소중한 시간들을 하수도로 흘려버리듯 보내 버리고 말았다.

대다수의 서민들이 겪는 문제들 즉 금전, 출산, 육아, 건강 악화 등은 꿈의 궤도를 이탈하게 만들었다. 그것은 심적으로 부담이 되었고 감당하기 버거운 짐이 되었다. 한 남자의 아내이며 두 아이의 엄마로서 최선을 다하려고 애쓰는 동안 나는 내 삶의 주체가 되지 못했다. 전문직을 버리면서까지 내 가족과 시집살이에 수많은 시간을 소비하고 말았다. 그 대신 나 자신을 잊고 희생한 만큼 내 주변 사람들이 무탈한 것으로 위안을 삼는다.

하지만 이쯤에서 내 자신을 한 번 짚어보는 것도 의미가 있다고 생각한다. 나는 누구인가. 앞으로 어떻게 살아갈 것인가. 내 자신에게 의미를 부여하지 않을 수 없게 되었다. 시간은 강물처럼 흘러만 간다. 손가락 사이로 흘러내리는 모래처럼 빠져 달아나는 시간을 탓하며 망연자실, 허무주의에 빠져 있을 수 없다. 내 자신을 깊이 성찰하며 신께서 허락한 그날까지 열심히 글을 쓰면서 살고 싶다.

문우 중에는 내게 '작은 불꽃'이라고 부르는 사람들이 있다. 작은 체구로 열정을 쏟는 모습을 보고 격려하는 뜻이리라. 역설적으로 생각하면 더욱 열심히 좋은 글을 쓰라는 채찍으로 다가온다.

나는 지금까지 흘려보낸 시간보다 더 열정적으로 살고 싶다. 내가 걸어온 가시밭길보다도 더 험준한 고갯마루가 기다리고 있다는 것을 예감한다. 글을 쓰면서 걸어가야 하는 이 길이 필연인지 우연인지 모르겠지만, 나는 두려운 '글쓰기'를 하지 않으면 안 되는 처지이다.

지루한 가을장마가 이어지고 있다. 한 줌의 햇살이 그립다. 그리운 햇살만큼 시간도 아쉽다. 달력을 한 장씩 넘길 때마다 가슴이 철렁 내려앉는다. 시간은 미루는 사람에게는 절대로 틈을 주지 않는 것 같다. 계획했던 일들이 또 어떤 장애물에 의해 늦어지고 있기 때문이다. 그 어떤 매력을 느껴 시작한 또 다른 일로 인하여 소중한 시간은 자꾸만 쪼개어져 흩어지고 있다. 두 마리의 토끼를 잡는 것은 과욕인 것인 줄 알면서도 속물처럼 미련을 과감하게 떨쳐버리지 못하는 것은 왜일까. 스스로에게 '내게 주어진 사명감'이라고 변명을 해본다.

그렇더라도 나는 안다. 내가 그만큼 그 일에 시간과 정성을 쏟고 온 마음을 다한 까닭이리라. 지나간 시간 위로 켜켜이 쌓인 내 삶의 흔적들이 내 마음을 묶어 두고 있다. 꼼짝 못하게 꽁꽁…….

너무 힘들 때면 어느 시인이 던진 달콤한 물음표가 떠올라 내 마음을 시험하기도 한다.

"그냥 편하게 살지. 뭣 하러 힘들게 이 길로 가려고 해요?"

자신이 좋아하는 일에 몰두하며 사는 일은 몇 배로 바쁜 삶이다. 그렇더라도 내 삶을 사랑하며 열심히 살아가리라. 내가 선택한 이 길을 걸어가는 동안 '시간을 낭비하는 죄'를 짓지 말아야 할 것이다. 부지런한 물방아는 얼 새도 없다. 내 자신에게만큼은 절대 엄해야 한다.

가난한 살림살이를 꾸리며 떠돌아다니는 생활을 하였지만, 태어나서 생을 마칠 때까지 한시도 허비하지 않고 꽉 찬 생을 살다 간 신사임당을 거울삼아, 생활을 이유로 글쓰기와 예술을 게을리 하지 않으련다. 또 그것을 이유로 가정생활을 소홀히 하지도 않으련다. 시간은 절대로 나를 기다려 주지 않을 테니까.

■ 2007.

8[八]

'2008年 8月 8日 午後 8時'

중국 베이징 올림픽 개막일에는 숫자 8이 유난히 많이 들어 있다. 중국 사람들이 '8'을 얼마나 좋아하는지 알 것 같다. 이처럼 그들이 8자를 좋아하는 이유를 알아본즉, 8자의 발음 '바'가 '돈을 많이 번다.'는 '파다차이發大財'의 '파發'하고 비슷해 재운을 가져다준다고 믿기 때문이다. 누군가는 '열고 듣는다.'라고 해석하기도 한다. 또, 고구려의 상징인 '세 발 달린 태양새' 즉, '삼족오三足烏'는 일본 신화에 '팔지오八咫烏'로 존재한다. 여기서 '八'은 '크다, 많다'는 의미를 뜻한다. 나 역시 '팔팔하다'는 의미가 강하게 느껴져 숫자 8을 아주 좋아한다. 나는 8[八]자를 생각하면 제일 먼저 팔음八音이 떠오른다.

불교에서는 부처가 지닌 여덟 가지 특색 있는 음성을 팔음八音

이라 한다. 즉 극호음, 유연음, 화적음, 존혜음, 불녀음, 불오음, 심원음, 불갈음을 이른다. 그 뜻을 살펴보면 이러하다.

극호음極好音은 맑고 아름다워 듣는 이가 싫증을 내지 않고, 모두 올바른 도道에 들어가게 하는 부처의 음성이다. 유연음柔軟音은 듣는 이를 기쁘게 하여 모두 억센 마음을 버리고 자연히 수행에 들어가게 하는 부처의 음성이다. 화적음和適音은 듣는 이를 모두 화합하게 하는 부처의 조화로운 음성이다. 존혜음尊慧音은 덕망이 높아 듣는 자의 지혜를 밝게 하는 부처의 음성이다.

불녀음不女音은 천마天魔나 외도外道를 굴복하게 하며, 듣는 이로 하여금 두려운 마음으로 공경하는 마음을 가지게 하는 부처의 음성이다. 불오음不誤音은 말로 논의함에 그릇됨이 없고 듣는 이로 하여금 바른 견해를 갖게 하는 부처의 음성이다. 심원음心遠音은 말소리가 배 속에서 울려 나와 시방十方에 들리며, 듣는 이에게 깊은 이치를 깨닫게 하고 깨끗한 행行을 더욱 높이는 부처의 음성이다. 불갈음不竭音은 말소리가 힘차게 거침없이 나와 그치지 않으며, 듣는 이로 하여금 상주常住하여 다함이 없는 과果를 이루게 하는 부처의 음성이다.

음악에서는 악기를 만드는 재료에 따라 나눈, 아악雅樂에 쓰는 여덟 가지 악기 또는 그 각각의 소리를 뜻한다. 여덟 악기의 재료는 금金, 석石, 사絲, 죽竹, 포匏, 토土, 혁革, 목木 따위이다. 여러 악기가 모여 아름다운 소리를 내는 것은 신의 축복인가 생각한다.

또, 팔음八音은 나의 호이기도 하다. 사람들은 내가 호를 쓰게 된 까닭과 호에 담긴 뜻을 묻곤 한다. 만나는 사람마다 궁금히 여기니 지면으로나마 말하려고 한다.

먼저, 호를 쓰게 된 연유를 말하자면 세상에는 나와 같은 이름을 지닌 사람이 너무도 많다는 것이다. 동명同名의 탤런트, 의사, 무용가, 시인, 수필가 등 이루 헤아릴 수가 없다. 특히 병원의 컴퓨터에는 나와 같은 이름의 수많은 여자들이 환자목록에 올라 있다. 정말로 실감이 난다. 또 인터넷의 미니홈피 주인들은 얼마나 많은지 경악을 할 정도다. 그토록 많이 쓴다는 것은 그만큼 좋은 의미가 담겨 있는 게 아닐까. 부모님께서 지어주신 내 이름을 사랑하면서도 '남과 다른 나'를 위해 호를 쓰고 있다.

이제 팔음에 담긴 뜻을 말하련다. 팔음은 내가 태어난 고향의 앞산 즉, '八音山'과 내가 졸업한 '八音 초등학교'에서 취한 것이다. 팔음산의 높이는 762m이다. 경상북도 상주시와 충청북도 옥천군의 도계를 이룬 산으로 지하자원이 많이 나던 곳이다. 예전에는 우거진 숲 속에서 8가지 이상의 짐승 울음소리가 들렸다. 지금도 숲이 울창하여 산머루 · 다래 · 산딸기 등 산과일이 많이 난다. 산 이름은 임진왜란 당시 산에서 여덟 번의 소리가 났다고 하여 붙여졌다. 자기 자신과 인연이 깊은 지명을 빌려 호를 쓴 사람이 많이 있다. 생각해 보면 '율곡(이이)'과 '화담(서경덕)' 등이 그러하다.

나는 가끔 엉뚱한 생각을 하곤 한다.

내가 좀 쉬고 싶을 때 8을 좌측이든 우측이든 90도 눕혀 놓으면, ∞ The infinity symbol은 '무한'을 의미하기에 더욱 흥미롭다. 즉 무한한 가능성을 뜻해서 좋다. 아직은 모든 면에서 미흡한 나를 <젊은 예술가 창작지원> 대상자로 선정하고 지원한 것도 무한한 가능성에 격려를 보낸 것이리라. 그래서 더욱 열심히 창작해야 할 의무가 내게 있다.

숫자 8은 좋은 의미가 많이 담겨 있기에 좀 더 깊이 연구하고 새롭게 해석해 볼 필요가 있다. 세상에서 가장 힘 있고 아름다운 소리가 바로 숫자 '8'이 아닐까 생각한다. 낭송을 하며 무대에 자주 서는 나는 발성 연습할 때도 '8'을 자주 외친다.

■ 2007.

그리운 당신

당신은 변함없이 내게 다가와 어깨동무를 했습니다. 내 가슴 한복판을 흐르는 당신의 뜨거운 숨결은 나를 혼미하게 만들었습니다. 내 혈관 속으로 짜릿하게 흘러드는 당신의 노래와 거침없는 포옹은 내 마음을 활짝 열리게 만들었습니다. 바람 한 점 없는 폭염 속에서 나는 당신을 온몸으로 껴안을 수밖에 없었습니다.

아스라한 그날의 기억을 더듬어 봅니다. 사십 년 전, 나는 당신을 운명적으로 만났습니다. 왜, 하필 당신이었을까요? 당신 아닌 봄, 가을, 겨울도 있었는데 말입니다. 누구에게 하소연할 수 없는 나의 운명, 그것은 부모님께서 첫날밤을 귀뚜라미 우는 계절에 보낸 까닭이라 생각합니다. 생각해 보면 2세를 위해서도 결혼을 하는 계절이 아주 중요한 것 같습니다. 나는 때죽나무에 하얀 꽃이 만발한 계절에 내 님과 사랑을 나누었습니다. 음력으로 정월과 이월에 나의 멋진 왕자들은 태어났습니다.

나는 첫 만남을 아주 중요하게 생각합니다. 이젠 당신이 싫지 않습니다. 당신은 내가 맨 처음 만난 계절이기에 남다른 애정이 있습니다. 내가 태어나던 날도 가마솥더위를 방불케 했었지요. 삼복더위에 나를 낳으신 내 어머니의 이마에는 땀띠가 깨알같이 퍼부었었지요. 어머니께서는 얼마나 가려웠을까요. 참고 참다가 끝내 견디지 못하고 숟가락총으로 이마를 벅벅 긁었더니 '다다닥 다다닥' 하고 땀띠 터지는 소리가 사방으로 퍼졌습니다. 그 모습이 너무도 애처로웠습니다. 나는 본의 아니게 어머니를 힘들게 하는 죄를 짓고 말았습니다.

선풍기와 에어컨이 없던 시절에 믿을 것이라곤 오직 손부채뿐이었습니다. 가난한 농부의 집에는 변변한 부채 하나 없었습니다. 설령 있다고 해도 딸을 낳은 어머니는 호랑이보다 무서운 할머니의 불호령이 무서워 죄인처럼 숨죽이고 있었습니다.

우리 모녀에게 혹독한 시련을 주었던 당신을 한때는 미워했습니다. 해마다 당신이 찾아오는 것조차 싫은 적도 있습니다. 그러나 할머니가 돌아가신 후 나는 당신이 좋아졌습니다. 자유를 얻었으니까요. 하지만, 어머니는 아직도 그때의 악몽이 떠올라 당신을 싫어합니다.

나는 당신이 영원히 존재하며 해마다 찾아오길 원합니다. 당신이 없는 삶은 생각하고 싶지 않습니다. 춥고 쓸쓸한 거리를 헤매는 날은 당신을 만날 희망으로 꿈을 꿉니다. 당신 덕분에 정열적으로 피어난 예쁜 꽃들과 속삭이며, 출렁이는 푸른 바다에 몸을 맡기기도 합니다. 온 누리에 가득한 진초록의 물결에 오감五感을 느끼며 기뻐합니다. 당신이 존재하기에 우리의 생명과 지구상의 온갖 생명체가 살아갈 수 있지 않을까 생각합니다.

하지만, 사람은 나약하고 간사한 동물이어서 그러한지 몰라도 겨울이 오면 당신을 더욱 그리워합니다. 또, 당신이 횡포를 부린다고 생각하기도 합니다. 인간들은 편리함을 추구하면서 대기를 오염시켜 놓고 당신만을 탓하고 있습니다. '번쩍이는 산[白山]'이라 불리는 킬리만자로 산의 만년설이 거의 사라지고 있습니다. 북극의 빙하도 급속도로 녹고 있습니다. 이러다가 펭귄이 살 수 없을지도 모르겠습니다. 어쩌면 끝내 회복하지 못하고 지구 전체는 다시 빙하기로 되돌아갈지도 모릅니다. 그리되면 당신이 그리워 목 놓아 울겠지요. 후회해도 소용없겠지만 말입니다.

모기 입이 삐뚤어진다는 처서가 지난 지 한참 되었지만 당신은 여전히 우리의 곁에서 떠날 채비를 않고 당당하게 버티고 있습니다. 그러나 지금껏 자연의 법칙과 순리를 보면 반드시 당신은 가을에게 자리를 양보하였습니다. 머잖아 당신은 또 내년을 기약하며 떠나겠지요. 가는 당신을 애타게 붙잡고 매달려도 당신은 미련 없이 떠나겠지요. 그러면 나는 또 당신을 그리워하면서 가을, 겨울 그리고 봄을 살아갈 겁니다. 당신을 밀어내는 가을을 야속하다 생각하지 마세요.

나는 당신을 기다리겠습니다. 당신의 은혜로 잘 익은 오곡백과처럼 성숙한 여인이 되어서 말입니다. 생각이 바다처럼 넓어지고 마음이 산속처럼 깊어져 다시 만나는 날, 나는 당신의 여자가 되어드리겠습니다. 당신의 뜨거운 숨결과 애무를 온몸으로 맞이하겠습니다. 당신을 기다리는 동안 참 많이 그리울 것 같습니다. 여름이여, 그때까지 안녕—.

■ 2007.

찰나

어느 해, 추석이었다.

"엄마, 세상에서 제일 빠른 새는 뭘까?"

뜬금없는 나의 질문에 골똘히 생각을 하시던 어머니는 "눈 깜빡할 새 아닐까?" 하고 대답한 후, 쏜살같이 일을 하러 부엌에 나가셨다. 어머니의 행동은 참으로 민첩했다.

추석이 또 눈 깜짝할 사이 지나갔다.

사실 나는 한가위 명절을 며칠 앞두고 그때부터 또 고민에 싸였다. 일할 사람이 없다는 현실 앞에서 나는 무력감을 느낄 수밖에 없기 때문이다. 딸은 엄마의 팔자를 닮는다더니. 남편은 외아들, 시어머니는 홀로 된 지 어느덧 삼십오 년.

추석 전날 남편과 칠성시장에 가서 장을 보고, 오후 내내 전 부치고 나물 종류 죄다 다듬고, 추석 날 차례상 차리고. 어디 그뿐인

가. 목기그릇 설거지에 집안청소까지 전부 내차지이다. 아이쿠! 팔목, 발목, 어깨, 허리 어디 하나 성한 데 없이 만신창이로 만드는 명절이 나는 달갑지 않다.

윗동서 아랫동서 줄줄이 달고 시댁 흉보며 명절을 시끌벅적 보내는 큰집과 작은집과는 다른 우리 집. 형님들처럼 "형님!" "동서!" 불러가며 갓 구워 낸 부침개를 먹으면서 화기애애한 분위기를 가져보는 것이 나의 소망이라면 사람들은 나를 한심스럽다고 말할지도 모른다. 하지만 외며느리의 쓸쓸하고 고달픈 심정을 그 누가 알 수 있으랴. 형제가 많은 집은 서로 부대끼면서 새록새록 온정을 쌓아 가지만, 나는 누가 있어 인정을 낼까나.

명절증후군이 다시 도졌는지 하필이면 추석 전날부터 나는 어깨 통증이 심해 밤새 끙끙 앓았건만, 그렇더라도 조상을 모셔야 하겠기에 여자가 귀한 우리 집은 결국 남편마저 발 벗고 나섰다. 호랑이처럼 무섭던 시어머니도 이젠 기력이 부치는 것 같고, 사춘기에 들어선 두 아들 녀석은 거드는 척하다 이내 싫증을 내며 일찌감치 손을 털고 일어났다. 죽으나 사나 나 혼자 해야 하는 이내 신세 서러워, 지난밤에 남편에게 넌지시 말했다.

"여보, 우리 아이들 장가 빨리 보냅시다. 나 혼자 너무 힘들어 죽겠어."

남편은 싱긋 웃어 보인 후, 마누라가 측은하다는 듯 어깨를 매만지며 말했다.

"그럼, 그러지 뭐. 얘들아, 빨리 네 색시 데려 오너라."

이제 겨우 열다섯 살인 큰아이더러 장가를 가란다. 아직도 십여 년은 족히 기다려야 할 터인데. 두 며느리가 하루빨리 집안에 들어

오기만을 학수고대하는 때 이른 나의 욕심.

어서 세월이 눈 깜짝할 사이 지나서 시끌벅적 떠들면서 추석 명절을 지내고픈 욕심에 내가 그만큼 늙는다는 것조차 잊어버렸다. 더구나, 하나를 얻으면 하나를 잃는다는 사실까지도. 어차피 세월은 내가 애써 앞당기지 않아도 시위를 떠난 화살처럼 찰나刹那인 것을…….

■ 2005.

제5부_마법사가 되고픈 소망

모녀의 정

목욕탕에서 따뜻한 물속으로 들어가기 위해 비누칠을 하며 몸을 씻고 있던 중이었다. 중년으로 보이는 한 여인이 들어오고 있었다. 옆에서 씻고 계시던 어머니와 함께 그녀를 지켜보고 있었다. 굼벵이처럼 행동하는 그녀를 바라보다가 어머니와 내가 서로 눈길이 마주쳤다.

어머니는 내게 무슨 말을 하고 싶으신 것 같았다. 그녀는 어머니 옆으로 와서 앉은뱅이 의자에 앉았다. 그리고 대뜸 물을 한 바가지 퍼서 목덜미에 퍼부었다. 주위에 있는 사람들의 시선을 의식한 것일까. 이가 보일 듯 말 듯 미소를 흘리며 몸을 씻기 시작했다. 그녀의 몸은 한마디로 만신창이가 되어 있어 보는 사람으로 하여금 궁금증을 자아내게 했다. 어머니가 드디어 말문을 열었다.

"아지매, 아지매는 나이가 어떻게 되요?"

"내요? 육십 셋이요."

"하이구마, 얼굴로 봐서는 그만치 안 묵은 것 같구만."

"그래 비요?"

"아주머니보다 우리 엄마가 두 살 적은데, 더 젊어 보이네요."

나도 한마디 거들었다.

그녀는 헛말이라도 고맙다는 듯 빙그레 웃으며 자신의 이야기를 묻지도 않았는데 거침없이 늘어놓았다. 다리가 아파서 수술을 두 번이나 했으며, 오래 전부터 무릎이 아파서 침을 수없이 맞으러 다니며 치료를 했고, 엑스레이를 찍어 보았지만 병원에서는 원인을 모르더라 했다.

얼마 전에 느닷없이 방바닥에서 미끄러져 다리가 부러졌는데 병원에 실려가 진찰을 받아 보니 무릎의 물렁뼈가 다 녹아내리고 없더란다. 그래서 부러진 다리에 철심을 끼우고 자신의 양쪽 옆구리에 있는 관절을 조금 떼어내어 무릎에 이식을 했다고 한다.

그녀가 문을 열고 안으로 들어올 때 내가 보았던 옆구리와 다리의 수술자국은 그렇게 해서 생긴 것이었다. 그동안 그녀는 병원에서 오래도록 입원을 하고 있었기에 제대로 몸을 씻을 수가 없었다. 깁스를 하고 드러누워서 움직일 수 없으니 목욕인들 마음껏 할 수 있었겠는가. 그녀는 오늘 목욕탕에서 묵은 때를 씻고자 절룩거리는 다리와 완쾌되지 않은 몸으로 혼자 모험에 나선 것이다.

그녀를 바라보는 몇몇 사람들의 표정을 살펴보니 측은하게 여기는 눈빛이었다. 이심전심이랄까, 말하지 않아도 알 수 있었다. '그녀는 왜 혼자 왔을까. 딸이나 며느리가 없는 것일까. 저 몸으로 어떻게 씻을까.' 다들 그렇게 생각하는 눈치였다.

어머니와 나는 온탕에서 다시 나와서 등을 밀어주며 이야기를 나누는데 옆에 있던 한 노인이 그녀에게 자신의 이야기를 털어놓는다. 한국 여인치고 시집살이 안 해본 여자가 어디 있을까. 우리 어머니는 또 어떻고. 나는 안 그런가. 목욕탕 안은 어느새 신세 한탄과 자신의 넋두리를 늘어놓는 공간이 되었다.

그녀가 또다시 우리 모녀에게 말을 건넸다.

"하이고, 내가 이렇게 아파서 죽을 지경이 되었는데 우리 남편이라는 작자가 머라캤는지 아는교? 어서 죽어뿌라. 와 사노? 그캅디다."

"얼마나 서러울꼬? 남자들은 젊어서 잘해야지, 늙어 꼬부라지면 마누라한테 끽 소리도 못하는 법인데."

나는 그녀를 바라보다가 무심코 그녀의 왼발을 보았다. 어찌된 영문인지 몰라도 발가락이 보이지 않았다. 나는 그녀에게서 한국 여인의 비통함과 회한을 느꼈다. 이것이 가부장제도 아래서 신음하며 허접스러운 인생을 살아온 어머니들의 모습이다.

목욕탕에서는 실오라기 하나 걸치지 않은 알몸으로 언제 다시 만날지도 모르는 상대방의 등을 밀어 주면서 자신을 송두리째 보여 주고, 누구에게도 털어 놓지 못한 가슴속에 응어리진 한을 저마다 풀고 가는 것 같다. 생전 처음 보는 사람이라도 마음이 통하면 귀를 기울여 그들의 한 맺힌 이야기를 듣는다.

어머니가 그녀의 등을 밀어주자 고맙다고 말을 건넸다. 나는 어머니의 등을 밀어 드리며 함께하는 시간이 무엇보다 즐겁다. 어머니도 나와 함께 목욕탕에 오는 것을 즐거워하신다.

친정에는 올케도 둘이나 있고 여동생도 있지만, 나와 함께 목욕

하시기를 원하신다. 마음이 잘 통하기 때문이란다. 지금처럼 영원히 옆에 계셨으면 좋겠다. 내가 비록 걱정만 끼치는 애물단지 불효자식이지만. 어머니와 한몸으로 포근한 양수 속에서 수영하던 아스라한 기억처럼 온탕으로 들어가 물의 평화로움을 느낀다.

보고 싶으면 언제든지 달려가 볼 수 있는 어머니가 가까운 곳에 계신다는 사실이 가장 큰 기쁨이다. 그녀는 나와 어머니의 다정한 모녀관계를 아주 부러운 듯 자꾸만 바라보았다.

갈래머리 소녀시절, 어머니께서 당신의 딸이 곱고 아름답게 자라기를 바라는 마음으로 첫 가슴가리개를 선물로 주셨다. 나는 쑥스러워하면서 첫 가슴가리개를 했을 때의 그 답답함보다도 더 가슴 저리는 일들이 많다는 것을 알았다. 목욕탕에서나마 알몸이 되어 어머니의 그 깊은 사랑 오랫동안 느끼고자 함이며 행복에 젖어본다.

■ 계간 ≪생각과느낌≫ 2005. 여름(34)

눈에서 멀어지면

지난겨울이었다. 청도에서 밤 8시경에 혼자 야간열차를 타게 되었다. 번잡한 대도시와는 달리 고요하고 칠흑 같은 어둠이 내린 청도역에서 맹추위에 떨다가 기차에 몸을 실었다. 기차를 기다리는 10분 동안이 내 생에 있어서 가장 외롭고 쓸쓸하게 느껴졌다. 기차에는 손님이 별로 없었는데, 마침 나는 마산서 올라오는 중년 여인과 합석하게 되었다. 다행이다 싶었다.

대구역까지 오는 동안 무료하여 그녀와 인사를 나누고 긴 이야기를 나누게 되었다. 그녀는 남편을 만나러 주말마다 대구에 온다고 했다. 간혹 남편이 그녀를 만나러 마산으로 갈 때도 있다고 했다. 벌써 수년째 그러고 있다는 것이다. 그녀는 그런 생활이 아주 익숙하다고 말했지만 나로서는 도저히 그녀를 이해할 수 없었다.

중국에 살고 있는 한 친구가 있다. 고향 친구인 그녀는 몇 해

전에 아이들과 함께 남편을 따라갔다. 그녀는, 처음에는 5년 동안만 남편과 떨어져서 살겠다고 생각했지만 나의 따끔한 충고를 받아들이고 마침내 남편을 따라가기로 결심했던 것이다. 지금 그녀는 중국에서 잘 지내고 있다며 자주 소식을 전하고 있다.

나는 둘째 아이가 태어난 후 남편과 잠시 떨어져서 살았던 적이 있다. 일 때문에 울산으로 내려간 남편을 기다리며 어린 두 아들하고 얼마간 외롭게 지내야만 했다. 매일 보던 사람이 눈앞에서 보이지 않았을 때의 서글픔과 외로움은 견디기 힘들었다. 포옹과 입맞춤을 하루라도 하지 않으면 안 되는 나로서는 떨어져 사는 것이 참기 어려운 고통이었다.

때때로 토닥거리며 살더라도 매일 보는 것이 좋겠다는 생각이 간절할 즈음, 친정 부모님과 시어머니께서 남편을 따라 울산으로 가라고 했다. 그러나 부모님이 계시고 정들었던 대구를 떠나 낯선 도시로 가려니 왠지 선뜻 결정을 못 내리고 있었다.

그때 친정어머니께서 간담이 서늘한 말씀을 하셨다.

"부부는 눈에서 멀어지면 소원해진다. 죽어도 같이 죽고 살아도 같이 살아야지."

나는 그 말씀을 듣는 순간 왠지 모를 불안감이 밀려오기 시작했다. 남편을 믿고 못 믿고의 차원이 아니라 우리 두 사람 사이에 뭔지 모를 거리감이 생기는 것 같았다. 그래서 부모님의 말씀을 따라 남편 곁으로 내려갔던 것이다. 다시 남편과 함께 살면서 나는 두 번 다시는 떨어지지 않으리라 다짐했다. 결혼한 지 40년이 되는 아버지와 어머니는 지금껏 한 번도 떨어져서 살았던 적이 없다.

친정어머니의 말씀대로 사람이고 짐승이고 모두 그러한 것 같다. 눈에서 멀어지면 마음에서도 멀어지는 것 같다. 요즘 나는 바쁘다는 핑계로 화분에 물주는 것을 가끔 잊어버리곤 한다. 그렇더라도 눈에 보이는 화분에는 물을 꼬박꼬박 주게 된다. 그런데 공간이 비좁은 까닭으로 옥상 위에 내놓은 화분과 베란다 끝에 놓아둔 화분은 발길이 소원해지고 있다.

언젠가 '군자란'을 옥상에 놓아 두었는데 오래도록 잊고 지내다가 어느 날 생각이 나서 올라가 보았더니 잎이 누렇게 마르고 있었다. 발등에 불이 떨어졌다 싶어 도로 들고 내려와 싱크대 옆에 두고 물을 주었더니 다시 소생하여 잘 자라고 있다.

하지만 베란다의 구석에 가는 일이 번잡스러워 '디펜바키아'가 거기에 있다는 걸 알면서도 애써 외면하고 지내왔다. 나는 그동안 너무 매정한 것 같아 작정하고 녀석을 보러 갔더니 아니나 다를까 죽고 말았다. 죄를 지은 것 같아 미안했다. 만약, 기차에서 만났던 그 여인이 대구에 남편이 있다는 것을 알면서도 소홀하게 생각한다면 어떻게 될까. 자식들을 품안에서 떠나보낸 후, 노부모가 홀로 쓸쓸하게 죽어가는 것이 요즘의 세태이다.

서로 사랑하면서도 많은 세월을 따로 떨어져 지낸 신사임당의 삶이 그런 것 같다. 인자하고 자애로운 어머니의 모범이고, 높은 학문과 아름다운 예술가의 삶을 살았지만 남편과 떨어져 살아온 날들이 더 많았다. 남편은 사임당의 임종을 지켜보지 못했다. 그럼에도 불구하고 그녀의 남편은 권씨라는 여자하고 혼인을 하였다.

살림만 하던 시절에는 화초를 싱싱하게 잘 키운다고 아버지께서 입이 닳도록 칭찬을 하셨다. 여동생은 잘 키운 나의 화초들을 얻어가곤 했었다. 그런데 이제는 내가 이렇게 바쁘다는 핑계로 사랑하는 화초들을 무심하게 대하고 있는 것은 아닌가 싶어 반성을 하게 된다.

한번은 영산홍을 옥상에 놔두고 까맣게 잊어버린 탓에 바싹 말라 고사 직전까지 갔었다. 녀석을 가지고 와서 가지를 모두 잘라버리고 새순이 돋기를 학수고대하며 정성을 다해 돌보았다. 구사일생으로 살아난 녀석을 보고 얼마나 반가웠는지 모른다. 다행히 정성을 들인 덕분에 녀석은 다시 꽃을 피워 나를 즐겁게 해주었다. 눈에서 멀어지면 사랑하는 모든 것이 죽어가도 모르는 것이다.

사랑스런 눈길로 바라보며 사랑을 줄 때 모든 생명체는 푸르게 살아 있다. 그러나 눈길을 주지 않고 외면하면 생명체는 그때부터 살아 있어도 산 게 아니다. 눈에서 멀어지면 마음도 멀어지고, 마음이 가지 않은 곳에는 사랑도 정情도 그 무엇도 없는 것이다. 그런 연유로 부부는 특히 따로 떨어져 지내면 안 된다고 생각한다. 주말 부부들의 위기를 나는 많이 보아왔다.

결혼한 사람은 가능하면 따로 떨어져서 사는 일이 없기를 바라는 마음이다.

▪ 2007.1.

진주 강씨 족보기

사람들은 흔히 '나는 누구인가? 나의 조상은 어디서 비롯되었나?' 하고 자신의 정체성에 대하여 궁금해 한다. 일반적으로 학교에서 학습에 의하여 알고 있는 우리 민족의 조상은 '단군 왕검'이다. 개천절 노래의 가사를 보아도 '이 나라 한아바님은 단군이시니' 라고 분명하게 나와 있다. 또한 단군은 환웅의 아들이며 천신이신 환인의 손자이다. 결국 우리는 하느님의 자손이라는 뜻이다.

언젠가 학교에서 '나의 뿌리를 찾아서'라는 주제로 숙제를 내어 준 적이 있다. 아이들은 자신들의 계보系譜에 대하여 설명을 하는 남편의 이야기에 매우 흥미를 보였다. '이식 장군은 계용을 낳고, 계용은 인문을 낳고, 인문은 사첨을 낳고, 사첨은 창귀를 낳고, 창귀는 군보를 낳고, 이러저러한 후에 아빠가 너희 둘을 낳았으니 너희가 바로 28세이니라.' 그동안 수박 겉핥기식으로 얄팍하게나마 시대 문중에 대하여 알고 있었지만, 나 역시 점점 깊이 파고 들어갈수록 흥미진진하다.

남편과 아이들은 진주 강씨晉州姜氏 가문의 사람이다. 다시 말해서 박사공파(휘 계용*)의 후손이다. 뿌리의 깊이를 좀 더 알기 위해서 족보를 살펴볼 필요가 있다. 진주 강씨 족보族譜 중에서 현존하는 최고본最古本은 남한보南漢譜이다. 이것은 남한 천주사에서 을축년(1685)에 발간하였다하여 남한보 또는 을축보乙丑譜라 한다. 이 족보에는 다음과 같은 기록이 전해진다.

시조 강이식 수양제벌고구려시위병마원수이어始祖 姜以式 隨煬帝伐高句麗時爲兵馬元帥以禦

"시조 강이식 <수양제가 고구려를 침략해 왔을 때 병마원수가 되어 수군을 물리쳤다.>"

진주 강씨의 시조始祖는 강이식姜以式 장군(병마도원수)이다. 장군은 고구려 영양왕瓔陽王, 590~618때의 명장으로 장군에 대한 기록을 찾아보면 다음과 같다.

> "영양대왕이(수문제로부터) 모욕적인 글을 받고 대노하여 군신들을 모아 놓고 회답할 문자를 보내려 하더니, 강이식이 가로되, '이 같은 오만무례한 글은 붓으로 회답할 것이 아니요, 칼로 회답할 글이라.'하고 적을 칠 것을 주장하니, 대왕이 이를 기꺼이 좇아 병마원수로 삼았다. 그로 하여금 정병 5만을 발하여 임유관으로 향하게 하고, 먼저 정예병력 1만으로 요서를 침요하여 수나라 병력을 꾀어내고, 거란병 수천으로 바다를 건너 산동 지역을 치게 하니, 이에 양국의 제1회 전쟁이 개시되니라."
>
> — 단재丹齋 신채호申采浩 선생의 저서 『조선 상고사』 중에서

이는 영양왕의 계획된 매복전에 수나라가 말려들었음을 뜻하며, 수의 제1차 침입은 엄청난 피해만 초래한 채 종말을 고하고 말았다. 이것은 수나라가 이미 고구려를 치기 위해 대군을 형성했다는 소식을 듣고 영양왕이 선제공격을 감행한 것이다(598년). 강이식 장군은 수나라의 정규 병력 30만 대군을 격파했다.

'역사는 아我와 비아非我 사이의 투쟁이다'라는 단재의 말처럼, 개인과 국가, 사회의 관계를 잘 설명한다. 동서고금을 막론하고 모든 개인과 국가, 사회는 타방他方과의 관계 속에서 성장하고 소멸한다. 협력하면서 서로 발전하는 것이 최선이지만, 싸워야 할 때가 더 많았던 것이 인류의 역사였다.

경남 진주의 사당 봉산사鳳山祠 구내에는 강이식 장군의 사적비가 있다. 진주 봉산사는 130만 진주 강씨의 성지聖地이다. 비록 고구려는 망했어도 그 후예들은 1,400여 년이란 기나긴 수난의 역사 속에서도 고구려 명장 강이식姜以式 장군을 시조始祖로 모셔 이곳 사당을 지켜왔고 같은 후손들임을 자랑삼아 해마다 3월 10일(음)에는 '봄제사'를 모시고 있다.

2002년 6월 29일, 진주 강씨 중앙종회에서는 시조 강이식 장군 현창사업의 일환으로 학술 세미나를 가졌다. 장군의 사적발굴에 대한 현황보고와 연구발표가 있었다. 또한, 2003년 1월 25일에는 KBS-1TV '역사스페셜' 프로에서 온 국민들의 깊은 관심 속에 진행된 역사추적으로 1,400년간 묻혀졌던 강이식 장군의 사적이 만천하에 명쾌하게 밝혀졌다. 뿐만 아니라, 교과서(고등학교 역사부도 <교학사>10쪽)에도 장군의 이름이 올랐다.

진주 강씨의 큰 산맥인 박사공파!

숱한 명신과 명장을 배출시키고, 동방 대성으로 자리한 박사공파는 민족의 큰 성씨로, 겨레의 등불로 영원하리라 믿는다.

* 휘 계용啓庸 : 강이식 장군의 아들. 진주 강씨 대파조, 문과文科 국자國子 박사博士 역임.

■ 2006. 6.

아버지

사랑하는 아버지!

스산한 가을바람이 아침저녁으로 불고, 먼 앞산 자락에 울긋불긋 단풍이 들어 이제는 정말 한 해가 영글어 가고 있음을 느낍니다.

아버지, 안녕하세요? 라고 인사를 여쭙기가 좀 쑥스럽네요. 아버지와 한 울타리 안에서 생활하게 된 지도 벌써 4개월이 넘었어요. 그동안 아버지와 함께 생활하면서 느낀 점이 많아도 직접 말로써 제 마음을 전하기 쉽지 않아 이렇게 지면으로나마 마음을 전하고자 합니다.

2남2녀 중 장녀로 태어나서 아버지의 애간장을 가장 많이 태운 것 같아 말할 수 없이 죄송합니다.

아버지, 저는 어릴 적 시골 생활할 때부터 아버지가 그토록 미울 수가 없었어요. 다른 면에서는 부족할 것이 없는 아버지이지만, 술을 드시고 나면 술주정을 비롯하여 엄마의 속을 시커멓게 타도록 만드시는 모든 일들이 원망스럽기까지 했어요.

동생들 마음도 저와 똑같았을 거예요. 우리 4남매가 성장을 하여 모두 출가를 하고 난 지금에 와서도 여전히 버릴 수 없는 아버지의 술에 대한 탐닉.

그러나 술에서 깨어나시면 언제 그랬냐는 듯 부드럽고 자상하신 아버지!

제가 초등학교 6학년 때, 점심 먹으러 교문 밖을 나섰을 때 교문 주위의 화단 정리를 하시느라 구슬땀을 흘리시던 아버지께서 "숙아, 점심 먹고 나서 가마솥에 고구마 쪄 놓았으니 먹어라." 하고 미소 짓던 그 모습이 지금도 어제 같이 생생하게 그려집니다. 또, 중학교 졸업반이었을 때 고교진학을 완강히 거절하시던 엄마를 설득하셔서 대구 경북여상에 진학할 수 있도록 도와주신 것도 무척 고마웠어요.

고교진학 후, 입학선물로 저에게 처음 저의 책상과 기타를 사주셨지요. 요즘도 그 책상에 앉아서 가끔 글을 쓴답니다. 대구에서 시골집까지 격주로 토요일이면 찾아가 농사 일손을 도와드리고 대구로 올 때면 걱정하시며 눈물짓던 아버지의 모습도 눈에 선합니다.

그 후, 전문대 진학한다고 등록금을 걱정하고 있을 때, 삼촌과 상의하셔서 도와주신 일, 4년제 정규대학에 편입학한다고 할 때도 도와주신 일 너무너무 감사하게 생각하고 있어요.

홀어머니에 외아들인 남자에게 시집가겠다고 했더니, 엄마와 같은 처지에 놓였다며 걱정 반 불안 반으로 떨리는 손끝을 사위에게 건네주시던 모습도 잊을 수가 없어요.

첫 아들, 둘째 아들 출산할 때마다 친정집에 데려와서 몸을 회복시켜 주시던 아버지!

두 사내아이들의 짓궂은 장난과 소란스러움에도 노여워하시기보다는 오히려 "에미가 고생하는구나! 엄마 말씀 잘 들어라." 하시며 방청소며 설거지며 심지어는 연탄불 가는 일까지 서슴지 않고 하시는 아버지! 그런 아버지가 저는 눈물겹도록 고마웠어요.

아주 어려서 할아버지를 여의고 할머니 슬하에서 티 없이 자라신 아버지!

생활력이 강하셔서 막일을 하면서도 꿋꿋하게 살아가시는 아버지! 저녁이면 외손자들의 과자와 딸의 과일 봉지를 들고 들어오시는 아버지! 가진 것은 없어도 자식에게 베풂을 즐거워하시는 아버지! 그런 아버지께, 저는 아직도 불효자식인가 봅니다.

한 집에 살다 보니 아이들로 인하여 가끔은 언성이 높아지기도 하고, 아버지에 대한 불만을 아이들에게 매질로써 화풀이를 하고 말았으니 말입니다.

친정 부모님이 무르다고 두 아이의 엄마이면서 아직도, 철없이 행동하는 저를 아버지께서 얼마나 안타까워하실지 잘 알면서도 마음대로 되지 않아요.

아버지, 정말 죄송해요. 그리고 너무나 감사하구요. 모든 잘잘못과 허물을 덮어 주시고, 위로해 주시고 격려해 주시는 아버지께 이 못난 딸이 '진심으로 사랑한다.'고 비로소 고백하고 있어요. 아버지 저를 용서해 주실 수 있겠는지요?

앞으로 건강한 딸이 되어 아버지 두 눈에 눈물 대신 웃음을 꽃피울 게요. 요즘, 피부병으로 고생하시는 아버지께서 하루 빨리 완쾌되었으면 좋겠어요.

해가 짧아 한 움큼의 햇살도 아쉽고 안타까운 이 가을날에 두류공원 문화예술회관 뜰에서 사랑하는 아버지의 건강을 빌면서 이만 줄이겠습니다.

안녕히 계십시오.

1997년 10월 18일

딸 미숙 올림.

■1997 대구광역시와 한국예총대구지회 주최 <제1회 대구시 주부백일장> 입선.

더 나은 반쪽을 위하여

청아한 가을 하늘!

한 잎 떨어지는 낙엽만 봐도 그만 가슴이 저려오는 허무한 계절! 가을은 남자의 계절이라 했던가? 고독한 계절이라 했던가? 가을 날씨답지 않게 요즘은 비가 자주 내리는 것 같아. 올 겨울은 은근히 걱정이 되네.

여보, 안녕?

가을이 되고 보니 우리가 결혼한 지도 벌써 8주년이 되었네. 세월이 참 빠르다는 생각이 내 안에 가득해. 하얀 웨딩드레스를 입고 부케를 든 아리따운 신부였던 것이 어제처럼 느껴지건만, 벌써 큰 아들이 초등학교 2학년이 되었고, 작은 아들도 유치원에 다니며, 친구만 찾는 나이가 되어 버렸어.

아이들 키우느라 외출 한 번 변변히 못하고 지나온 삶이었는데,

이젠 어느 정도 숨 돌릴 여유도 생겼건만 한편으론 서운하고 허전하다는 생각이 드는 것은 왜일까?

더구나, 매일 아침마다 두 아들과 나에게 입 맞추고 나서 "갔다 올게" 라는 인사를 잊지 않고 대문을 나서던 당신이 오늘은 무뚝뚝하게 아무 말 없이 그냥 도시락만 챙긴 채 나가 버렸을 때 마음이 아파서 견딜 수 없었어.

가난하지만 마음만은 행복하게 살려고 우리 가족은 항상 노력했잖아. 내가 아침 일찍 정성들여 도시락을 싸서 쇼핑백에 넣어주면 고마워하면서 또한 아침마다 귀찮게 해서 미안하다는 표정을 짓던 당신이었는데 말야.

사실 나의 마음에 본의 아니게 상처를 주었기 때문이라고 생각해. 물론, 인정할 것은 인정해야겠지만 그래도 난 그것을 인정하기 싫었기 때문에 우리 서로 옥신각신 싸웠던 것 같아.

당신이 알고 있듯이 아주 오래전, 그러니까 우리 결혼하던 91년 5월 그 봄에, 강의를 준비할 겸 어렵게 장만한 나의 개인용 컴퓨터가 처음 구입할 그 때만 해도 꽤나 비쌌던 것은 물론이거니와 각종 소프트웨어를 사용하는 데 별 어려움이 없었어. 그럭저럭 10년 넘게 사용해 오면서 정情도 많이 들었고 구입할 그 당시의 내 기쁨을 절대로 잊을 수 없어.

그런데 이젠 내 컴퓨터가 어디에서도 인정받지 못하는 구시대의 골동품보다 못하다고 말했을 때 순간 나는 울화가 치밀어 오르는 것을 참을 수 없었어. 물론 나 자신도 내심 인정하지 않는 것은 아냐. 하지만 내 마음을 누구보다도 더 잘 알고 있을 당신이 그렇게 말을 한다는 것은 도저히 용서가 안 되어 화를 내고 말았던 거야.

다른 사람들이야 내 컴퓨터에 대해서 이러쿵저러쿵 말을 한다 해도 당신은 내편에서 내 아픈 마음을 헤아려 주기를 바랐어.

요즘 새로 나온 컴퓨터들의 탁월한 기능과 성능을 내 컴퓨터는 감히 따르질 못한다지만, 솔직히 말해 새로운 소프트웨어를 전혀 사용할 수 없을 정도의 아주 열악한 시스템이지만 내겐 그럴 필요가 없어. 내가 좋아하는 글쓰기 작업에 아무런 어려움이 없거든. 더구나 우리 아이들은 예전의 오락들을 즐기고 있잖아. 게다가 우리 아이들의 친구들이 서로 오락을 하고 싶어 몸싸움을 벌일 지경이야. 컴퓨터가 없는 아이들에게 내 컴퓨터는 인기가 많다고.

나는 마음껏 하도록 배려해 주고 내 컴퓨터를 오래오래 간직하고 싶은 게 솔직한 심정이야.

먼 훗날 아주 고장이 나서 못쓰게 될 지경이 되더라도 말야.

그런데, 당신은 내 컴퓨터를 늘 못마땅하게 생각하잖아. 그리고 심지어 버리라고 말을 하니 어찌 내 마음이 아프지 않겠어.

소위 말하는, 정보화시대에 발맞추어 PC통신, 인터넷 등의 기능을 할 수 없음이 답답할 때도 있긴 하지만 그렇다고 수백만 원을 들여서 굳이 새 컴퓨터를 사야 할 이유가 무엇이야? 그것은 허영이라고. 무료로 사용하고 배울 수 있는 사회복지회관이나 초등학교 컴퓨터실에 가서 얼마든지 사용할 수 있잖아.

다시 말해서 새 컴퓨터를 산다고 해도 나는 내 컴퓨터를 절대로 버릴 수 없다는 뜻이야. 미련이라고 해도 좋고 애착이라고 해도 좋아.

다만, 당신과 나 두 사람 사랑하는 더 나은 반쪽을 위해서 서로 노력하는 부부가 되자. 부족한 가운데서도 더욱 사랑을 아낌없이 주는 반쪽이 되어 보자.

풍족한 삶에 길들여진 요즘 사람들처럼 너무 옛것은 쉽게 잊고, 작은 것을 쉽게 버리고, 뭐든 고급이고 큰 것이길 원하는 것은 잘못된 생각 같지 않아?

우리는 그러지 말자. 작은 것은 아끼고, 오래도록 손때 묻은 정겨운 물건들을 자랑하자. 당신과 인연이 닿은 지 벌써 십여 년이 넘었지!

앞으로 더욱 변치 않는 사랑을 나누며 참다운 사람으로 인생길을 동행하는 좋은 친구이길 당신에게 바랄게.

여보! 벌써 단풍이 들어 두류공원이 아름답게 보이지만, 오늘 날씨가 너무 추워서 온몸이 자꾸만 떨려. 지금 공중전화 부스에서 당신에게 '사랑한다'는 말을 하고 싶어. 저물어 가는 한해를 건강하고 그리고 뜻있게 보내길 두 손 모아 간절히 기도 할게. 이만, 안녕.

1999년 10월 16일

당신의 淑

■ 1999 대구광역시와 한국예총대구지회 주최 <제3회 대구시 주부백일장> 입선.

마법사가 되고픈 소망

사랑하는 아들 태훈, 승훈에게

아침 햇살처럼 맑고 영롱한 너희들에게 엄마의 가슴속에 간직해 왔던 못다 한 이야기들을 편지로 써 전하고 싶구나. 엄마의 깊은 사랑을 담아 사랑스런 너희들에게 전할게.

듬쑥한 우리 맏아들 태훈아! 막내 승훈아!

고사리 같은 앙증스런 손으로 엄마의 가슴을 만지작거리며 젖을 먹던 모습이 눈에 선하거늘. 세월이 우리 태훈이의 자전거 바퀴처럼 구르고 또 굴러 어느새 초등학교 4학년과 1학년이 되었구나! 언제까지나 엄마의 품안에 있을 것만 같았는데……. 이젠 어느덧 엄마의 어깨 높이만큼 자란 너희들의 모습을 볼 때마다 엄마는 가슴이 뿌듯함을 느낀단다.

태훈이는 생일이 빠른 탓에 일곱 살에 입학을 시켜놓고 다른 아이들보다 체력이고 공부고 모든 것이 떨어지고 부족하면 어쩌나 염려를 많이 했었단다. 더구나, 일곱 살이 되던 해에 너는 중이염으로 잘 듣지 못해 늘 짜증을 부렸지. 뿐만 아니라 목은 편도선이 부어서 음식을 제대로 먹을 수 없어 식사시간이 길었고, 코조차 축농증으로 늘 콧물이 흘러내려 숨쉬기 힘들다고 할 때 엄마의 가슴은 미어지는 것만 같았어.

네가 고통 받고 있는 모습을 볼 때마다 엄마는 어떤 생각을 했는지 아니? 엄마는 마법을 부리는 마법사가 되고 싶었단다. 동화 속의 마법사처럼 마법을 걸면 감쪽같이 우리 태훈이의 고통이 사라지도록 말야.

병원에 가서 진료와 치료받고 약을 받아 오기를 헤아릴 수 없을 정도로 반복했었지만 별 차도가 없었지? 결국 '99년 1월 14일에 너를 입원시켜 목과 귀를 수술시켜야만 했던 엄마의 쓰라린 가슴을 어떻게 말로 다 할 수 있겠니? 수술실 앞에서 하느님께 간절히 빌었고, 수술 후 마취에서 깨어나는 고통에 참혹하게 울부짖던 너의 모습을 바라보며 엄마는 뜨거운 눈물을 흘려야만 했었어.

엄마는 어린 네 동생과 함께 병원에서 새우잠을 자면서도 네가 하루 빨리 완쾌되어 이제 두 번 다시 그런 아픔을 겪지 않게 되기를 얼마나 가슴 조이며 애태웠는지. 수술한 목 부위의 열을 식히고자 아이스크림을 억지로 열 통씩이나 먹어야 했던 우리 태훈이는 얼마나 괴로운 시련이었니!

더구나 귀와 목은 수술을 했지만 코는 아직 어리다는 이유로 수술조차 할 수 없다는 의사의 말을 듣는 순간 엄마의 가슴 한복판에는 커다란 구멍이 뚫린 것 같았어. 어려운 살림에 아빠의 박봉으로는 너의 약값을 마련하기에도 힘이 들었지만 조금이라도 빠른 시일 내에 병세가 호전되길 바라는 희망의 동아줄을 놓지 않았단다.

아직도 4년 동안의 세월을 등진 채 병마와 전쟁을 치르고 있는 우리 태훈아!

학교에서 해마다 수영장을 가던 날, 너는 귀 때문에 '수영장은 절대 금지'라고 말해야만 했던 엄마의 아픈 마음을 넌 이해할 수 있지?

요즘 우리 태훈이에게 사춘기가 왔는지 가끔 반항 아닌 반항도 하고, 예쁜 여자친구 짝꿍하고 사귀는 이야기도 할 때면 엄마는 어느새 이리도 자랐는지 신통할 뿐이란다.

엄마가 태훈이에게 부탁 하나 해도 될까?

엄마는 태훈이를 믿는단다. 꼭 이 다음에 훌륭한 사람, 세상에서 꼭 필요로 하는 인재가 될 것이라고! 그러니까 밥 열심히 잘 먹고 튼튼하게 자라 주었으면 고맙겠어.

씩씩하고 용감한 우리 승훈아.

늘 롤러스케이트 타면서 활동적인 너를 보면서 건강하게 자라 주어 고맙단다. 태권도 학원에도 열심히 다니고, 친구들 잘 사귀는 재주는 누굴 닮았을까? 자랑스러운 우리 승훈이, 근데 오늘은 너무나 마음이 무겁구나. 아침에 갑자기 복통이 있어서 아침밥을 먹지도 못하고 학교에 가야 했는데……. 엄마는 항상 너희들이 아플 때면 마법사가 되고 싶단다. 엄마의 간절한 마음이 이루어져서 너희들이 건강하게 자랐으면 좋겠구나!

아들들아! 나의 가장 소중한 보석들아!

너희들이 건강하고 올바르게 자라 어떤 어려운 역경 속에서도 헤쳐 나갈 수 있는 사람이 되기를 바라기에 때론 혹독한 꾸지람도 서슴지 않았고 회초리를 들어야만 했다. 우리에게 희망과 꿈이 있기에 항상 밝은 마음으로 살아갈 수 있으리라 믿는단다.

태훈아, 아직도 귓속에 튜브가 박혀 있고 약을 계속 먹어야 하지만 조금만 더 참아내며 이겨 내자꾸나. 지금 엄마가 두류공원에서 글을 쓰면서 무척 행복하다고 느껴지는 마음을 어떻게 전해 줄까? 사랑스런 너희들이 있기 때문이라고, 이 엄마는 미소 지으며 글을 쓰고 있단다. 사랑한다!

너희들의 나무 그늘이 되고픈 엄마가.

■2001 대구광역시와 한국예총대구지회 주최 <제5회 대구시 주부백일장> 장원.

■ ≪개망초 노란꽃술≫ 2001.

또 하나의 나, 벗에게

푸르름이 짙어 가는 싱그러운 녹음 위에 새하얀 태양이 전율하는 여름!

안녕? 멀리 있어 보고 싶어도 볼 수 없는 사랑하는 친구야!

곳곳에서 무르익는 과일향이 나의 코를 취하게 하고, 여름 못지않게 뜨거운 젊음은 산으로 바다로 계곡으로 마냥 뛰쳐나가고 싶어지게 한다.

이렇듯 더운 날씨를 좀 씻어 보려고, 팔공산 언저리 파계사 쪽으로 엊그제 잠시 행차를 했었단다.

오랜만에 산으로 갔더니 시야는 온통 초록빛으로 물들어 버리고 뭉게구름이 너무나 멋져 보였어.

'산으로 나오길 참 잘했구나!'

가족 모두가 좋아했어. 마당에 감나무가 가득한 음식점에 들러 그늘 아래 모두 둘러앉아 도토리묵이랑, 부추 부침개랑, 칼국수랑, 동동주를 시켜 놓고 정다운 얘기 나누느라 시간 가는 줄 몰랐단다. 해가 저물어 어두워지자 우린 가족들이 편히 쉴 수 있는 잔디밭으로 발길을 돌렸어. 어둑해진 밤하늘에 별이 하늘 가득히 빛나고 있었고 우린 서로 돌아가면서 장기자랑을 했어. 즐거운 노래와 배꼽이 탈출할 듯 우스운 개그 율동(통아저씨 춤, 개다리 춤)을 보면서 모든 걱정 근심이 사라지는 듯 행복했었어. 밤이 깊어 갈수록 더운 열기는 식어버리고 차츰차츰 선선하다는 느낌이 들었어. 밤하늘에 총총 빛나는 별들이 어쩜 그리도 예쁘던지! 시내에선 볼 수 없었던 북두칠성을 찾을 수 있었어. 시내에서 가끔 밤하늘의 별과 달을 쳐다보았지만 산에서 보는 것처럼 맑고 선명하게 보이지 않았어.

역시 깨끗한 밤공기의 고마움을 다시금 느꼈단다. 밤 10시가 되어 약간 추워지기 시작할 즈음 산을 내려오면서 내 마음 속에 작은 꿈 하나 달아 놓았어.

고향 하늘에 떠 있던 추억 속의 내 별이 나를 또 내려다보고 있는 것만 같아 미소를 지었단다.

사랑하는 친구야!

동무들과 어울려 재잘거리던 때가 엊그제 같은데 벌써 20여 년이란 긴 세월이 흘렀구나!

고향의 산과 들, 푸른 하늘 그리고 내달리던 동구 밖 길목들을 지금도 정확하게 그려낼 수 있는 중학교 시절은 내 가슴 속 깊이 간직한 채 살아간단다.

체구는 작으시나 당찬 얼굴, 하지만 인자하시고 자상하시던 우리 2학년 2반 담임이셨던 여인동 선생님! 내가 수학여행 중에 갑자기 배탈이 나서 고통스러워할 때 함께 걱정하시면서 밤을 보내시던 그 모습!

수학 숙제를 '참고서' 보고 베꼈지 않았느냐구 회초리를 들어 때리셨던 박성우 수학 선생님이 너무나 미워서 수업이 끝날 때까지 노려보았던 서운했던 일들이 어제 같건만…….

정말 '세월은 유수와 같다.'지만, 너무나 빨리 지나가는 것 같아 아쉽고 마음이 아프다.

세상은 돌고 돈다 하여, 지나간 복고풍의 유행이 다시 돌아오곤 하지만, 정녕 우리 인간의 참된 것-청춘, 추억, 사랑하는 사람 등-은 우리들의 가슴에 묻힌 채로 다시 오지 못하다니…….

그러기에 그 모든 것이 더욱 소중하고 아름다운 것은 아닐까?

멋진 내 친구야!

오랜 세월이 지나도 빛바래지 않는 우정을 간직할 수 있다면 얼마나 좋을까 생각해 보았다.

학창시절에 맺었던 우정이 세월이 지나면서 점차 퇴색되어 가는 것을 볼 때면 마음이 언짢단다. 세속의 가치로부터 과감하게 벗어나 순수하게 마음의 허물없이 언제나 한결같은 마음을 지니고 지내는 친구가 과연 얼마나 될까?

나 또한 그런 친구이었나 생각하고 반성하면서 정다운 친구들에게 편지를 쓰고 있어. 어려운 친구일수록 더욱 자주 안부 전하면서 위로해 주고 격려해 주면서 용기를 심어 줄 수 있는 참된 친구 말이야. 그저 심심해서 전화하는 그런 친구 말고, 친구의 기쁨이 진정 나의 기쁨이고 친구의 고통이 진정 나의 가슴을 쓰리게 하는, 영원히 함께 동고동락할 수 있는 친구 말이야.

친구의 허물을 보고 흉을 보지 않고 친구의 좋은 점을 칭찬해 주고 단점을 꼬집어 일러주어 고칠 수 있도록 아껴주는 그런 친구 말이야.

너의 생각은 어떠니?

내가 너에게 부담스러운 존재가 되지 않았으면 좋겠는데……. 언제나 허물없이 쫑알쫑알 이야기하고 싶단다. 진실로 바라건대 소설책 한 권에 빠져서 울 수 있는 아름답고 깨끗한 영혼을 가진 친구이고 싶구나!

향기로운 친구야!

오늘 아침 일찍 예쁘게 핀 연분홍빛 초롱꽃을 바라보니 기분이 좋았단다. 내가 마음과 정성을 주고 키운 화초가 매일 아침이면 고운 빛깔의 꽃을 피워 내 마음을 즐겁게 한단다. 벌과 나비가 찾아와 꽃들에게 입맞춤하고 있는 모습을 들여다보는 그 맛도 일품이고말고.

보고픈 친구야!

영지와 난초의 향기처럼 아름다운 우정을 꿈꾸는 우리의 우정을 크레용으로 칠할 수 있다면 어떤 색일까? 무지개 빛보다 아름다울 수 있을까?

단순히 우정이라 하기엔 너무 싱겁고, 애정이라 말하면 너무 부담스럽겠고, 순수한 사랑이라고 믿으면 신의 노여움을 받지는 않겠지?

그래, 친구야! 지금까지 너와의 재잘거림과 웃음을 우리 삶에 있어서 추억의 한 페이지로 장식해 놓으렴. 그리고 우리 서로 열심히 노력하는 벗이 되자꾸나. 평생 배움life long-education의 자세로 말이야.

친구야, 할 말은 많은데 오늘 다 하면 다음엔 심심하겠지?

멀리 있기에 더욱 보고픈 친구야! 내가 너에게 좋은 친구가 되었으면 좋겠다. 나로 인하여 너에게 기쁨이 될 수 있다면 좋겠어. 부족한 친구 많이 아껴주렴. 너의 모든 생활이 즐겁고 알차길 바란다. 더운 여름 날씨에 건강하게 잘 지내렴.

그럼, 다음에도 좋은 글로 만나자. 안녕!

젊은 날의 추억과 우정을 위하여
밝은 영혼을 꿈꾸는 숙이가
두류공원에서 씀.

■2002 대구광역시와 한국예총대구지회 주최 <제6회 대구시 주부백일장> 차하.

■ ≪달빛 너머 별의 바다≫ 2002.

그녀를 그리다 1

아름답게 자라 잡지의 모델이 된 샴쌍둥이 자매가 있다.

기사에 의하면 '1984년 미국에서 태어난 쌍둥이 자매는 분리수술을 시도하려 하였으나, 살리기 위해선 어느 한쪽을 포기하라는 의사의 말에 부모가 분리수술을 반대했다.'고 한다.

자식을 키우는 입장에서 바라볼 때 참으로 가슴 아픈 사연이다. 어느 한쪽을 포기해야 한다는 것이 결코 쉽지 않을 것이다. 죽은 자식을 품에서 떠나보내는 것도 고통스러운 일이건만, 하물며 살아있는 자식 하나를 포기해야 한다는 일은 얼마나 비통한 일이겠는가. 자식을 둔 부모라면 가히 짐작하고도 남는다.

나는 살아가면서 가끔 두 아이를 실패한 경숙씨가 생각난다. 우연찮게 그녀의 남편과 마주치는 날엔 더욱 그렇다. 그녀는 얼마 전에 이혼을 했고, 지금은 혼자 어디서 어떻게 지내는지 알 길이 없다. 그녀는 신혼시절에 나와 가깝게 지냈다. 내가 둘째 아이를 가졌을 때, 그녀는 첫 아이를 가졌다. 우리는 배불뚝이 아줌마가 되어 힘들 때마다 의지했고, 남편과 시부모에 대한 섭섭한 심정을 서로 위로하며 지냈다.

나보다 체격이 좋은 그녀는 나를 보면 언니처럼 마음을 썼다. 내가 더 힘들어 보인다면서 꼬질꼬질한 큰아이를 깨끗하게 씻어주기도 했다. 그녀는 친구 이상으로 나에게 인정을 베풀었고, 나 역시 멀리 있는 죽마고우보다 그녀를 더 좋아했다.

내가 먼저 작은아이를 낳고 산후조리를 하던 중에 그녀에게도 산통이 왔다. 출산을 하면서도 그녀는 여러 가지로 어려움을 겪었다. 그녀는 첫 아이를 키우면서 점점 이상한 징조를 느꼈고 아이가 남다르다는 것을 알았다.

어느 날, 우리 두 집은 함께 개울가로 나들이를 갔다. 나는 그때서야 그 아이를 처음으로 볼 수 있었다. 아이는 백합처럼 창백한 얼굴에 피죽도 못 먹은 듯 좁쌀만큼의 기력도 없었다. 그녀는 맥없이 늘어진 아이를 바라보며 한숨만 몰아 쉴 뿐이었다.

아이를 출산할 때 병원 측에서 의료사고가 있었다. 그들 부부는 억울함을 하소연하며 백방으로 알아보고 아이를 살릴 방법을 찾아보았으나 아무 소용이 없었다. 그저 자식이 떠나는 날까지 정성껏 돌보기로 마음을 굳힌 상태였다. 경숙씨의 말을 빌리자면, 출산을 하는 도중에 엉덩뼈에 걸린 아이를 의사가 무리하게 꺼내는 과정에서 뇌에 충격이 가해졌다는 것이다. 그 후유증으로 아이는 결국 오래 살지 못할 운명이 되고 말았다.

애타게 기다리던 자식을 뜻하지 않게 잃게 되는 경우가 많다.

그 슬픔이란 하늘이 무너짐보다 더 크다. 억장이 무너지고 온 천지가 노랗다. 자식을 먼저 보낸 경험이 있는 사람은 알고도 남는다.

경숙씨는 한동안 첫 아이를 잃은 슬픔 때문에 두문불출하며 지냈다. 나는 그녀를 찾아갈 수가 없었다. 알토란같은 두 아들을 데리고 차마 그녀를 대할 수가 없었다. 그러나 가끔 그녀는 전화로 '아이들 잘 크지?' 하고 물었다. 그때마다 내 가슴은 미어졌다.

얼마간 소원하게 지내는 중에 그녀가 다시 임신을 했다는 반가운 소식을 들었다. 이번에는 실수 없이 잘 낳아서 키우기를 간절하게 바랐다. 마침내 그녀는 두 번째 출산을 했고 아이도 잘 자랐다. 그러다가 그녀는 남편을 따라 이사를 갔고, 우리는 서로 자주 만날 수 없게 되었다.

몇 해 전이었다. 우리 가족은 '감포' 바다로 휴가를 갔다. 낮에 아이들과 물놀이를 즐겼고, 저녁 식사 후에 밤낚시를 즐겼다. 그때였다. 남편의 휴대폰이 울리더니 경숙씨 부부가 우리 쪽으로 놀러오고 있다고 했다. 나는 한동안 그녀 소식이 궁금했고 무척 반가웠다.

그런데 그들은 부부만 왔다. 나는 왠지 먼저 물어보기가 불안했다. 그래서 그녀가 먼저 아이에 대한 이야기를 꺼낼 때까지 화제를 돌렸다.

검은 밤, 우리 모두를 집어 삼킬 듯 깊고 거센 파도가 달려왔다. 그 싸늘함에 오싹 한기가 느껴졌다. 이윽고 그녀가 말을 이었다.

"둘째도 실패했어."

"왜, 건강하게 잘 자랐잖아?"

"응, 아직 죽지는 않았어. 고민 끝에 요양원에 데려다 주었어."

"……."

나는 더 이상 어떤 말도 할 수가 없었다. 한동안 나는 어깨를 맞대고 바다를 하염없이 바라보았다. 그 밤, 우리는 그렇게 잠시 만났었고 그것이 그녀와의 마지막 만남이었다. 그녀는 전생에 어떤 업보가 있어서 그런 엄청난 시련을 겪고 있을까. 첫 아이를 가슴에 묻고 둘째 아이마저 언제 떠나갈지 몰라 가슴 졸이며 눈물로 세월을 보내야 하는 그녀에게 나는 아무것도 해 줄 수 없어 안타까웠다. 또한, 그녀의 소식을 이제 어디서도 들을 수 없다는 것이 슬프다.

얼마 전, 경숙씨의 남편을 만났다. 내 남편의 친구이기에 피할 수 없는 만남이었지만, 나는 그를 바라보면서 경숙씨에 대한 안부를 묻지 못했다. 내 친구 경숙씨가 있어야 할 그 자리엔 낯선 여인이 똬리를 틀었다. 불쌍한 경숙씨가 자꾸만 눈에 밟혔다. 자식 잃고, 남편마저 잃은 그녀가 지금은 어느 하늘 아래서 무얼 하며 어떻게 사는지 마냥 그립다.

■ 대구수필가협회 연간집 ≪대구의 수필≫ 2006. 제2호

그녀를 그리다 2

언니가 죽었다. 그것은 청천벽력과도 같았다. "제발 집으로 보내주세요."하고 절규하던 언니는 끝내 떠나고 말았다. 큰외삼촌은 집으로 보내달라며 애원하던 언니의 소원을 끝내 들어주지 못한 것이 얼마나 한스러울까. 꽃다운 나이, 여고생이었던 경숙 언니는 정신병원에서 그렇게 세상을 던졌다. 한 송이 꽃이 지던 날, 하늘도 슬퍼 눈물을 쏟았다.

언니는 참으로 예뻤다. 공부도 얼마나 열심히 했던지 항상 일, 이등을 다투었다. 나는 언니처럼 열심히 공부해서 훌륭한 교사가 되고 싶었다.

"중학교까지만 공부하고 집에서 살림하다가 시집이나 가거라. 여자는 말이지 제아무리 많이 배우고 똑똑해도 남자 잘못 만나면 말짱 허사여."

“시집가기 싫어요. 더 많이 공부해서 꼭 선생님 될 거예요.”

나는 중학교를 졸업하고 고등학교에 진학하겠다고 부모님께 떼를 썼다. 넉넉하지 않은 우리 집 살림을 잘 알면서도 나는 공부를 더 하겠다고 고집을 부렸고 온종일 눈이 퉁퉁 붓도록 울었다. 고등학교까지만 보내준다면 그 다음은 어떻게 해서든지 내 힘으로 대학에 갈 수 있다고 확신했다. 나는 상업학교를 졸업하고 전문대학에 진학했다. 꿩 대신 닭이라도 붙잡고 싶은 간절한 마음이었다. 또, 정규대학에 진학할 꿈도 키워 나갔다. 그런데 부모님의 반대에 또 부딪치고 말았다. 4남매 중 맏딸로서 동생들은 전혀 생각하지 않는다며 나의 이기적인 생각에 질타가 날아왔다. 그리고 공부에 미친 나를 부모님께서는 걱정을 하셨다.

“엄마가 입이 닳도록 말했잖아. 공부에 너무 미치지 말라고. 경숙이가 왜 죽었는지 너도 잘 알잖아. 너무 ‘공부 공부’ 하다가 돌아버려서 그렇게 됐잖아. 그만 좀 해라. 여자로서 그만큼 배웠으면 됐어. 이 엄마는 초등학교 문턱도 못 가봤어.”

‘자라 보고 놀란 가슴 솥뚜껑 보고 놀란다.’고 하듯 어머니는 온통 내 걱정뿐이었다. 하지만 나는 어머니의 걱정은 안중에도 없었고 오직 선생님이 되고 말겠다고 수없이 다짐을 했다. 그러나 나의 학교생활은 결코 쉽지 않았다. ‘나’라는 개인보다는 언제나 ‘회사’라는 직장이 우선이었다. 강의를 놓치기 일쑤였고, 배고픔과 피로가 누적되어 건강을 잃고 말았다.

“그러게 내가 뭐라고 했어. 욕심도 정도껏 부려야지. 오르지 못할 나무를 왜 쳐다봐.”

어머니가 속상한 마음에 내뱉는 소리인 줄 잘 알면서도 서운한 생각이 들었다. 나는 가난이 싫어 도망치고 싶었다. 그래서 더욱더 악착같이 공부를 해야겠다는 생각뿐이었다. 경숙 언니도 나와 마찬가지였을 것이다.

큰외삼촌은 '평화시장'에서 그릇 장사를 해서 3남매를 키우며 근근이 살았다. 언니 역시 그러한 가난이 싫어서 악착을 떨며 공부를 하려고 했던 것은 아니었을까. 하지만 언니는 성적에 너무 집착을 한 나머지, 뇌에 과부하가 걸려 정신병원에 강제로 갇히는 불행한 처지가 되고 말았다.

정신병원은 멀쩡한 사람도 바보가 되는 곳이다. 그런 위험한 곳에 딸자식을 맡길 수밖에 없었던 부모의 가슴은 천 갈래 만 갈래 찢어지는 고통이 아닐 수 없다. 언니가 세상을 떠나고 나서 외숙모마저 언니 뒤를 따라갔다. 어머니는 내가 경숙 언니와 너무도 닮은 꼴이라서 만에 하나 언니처럼 될까 봐 늘 가슴 졸였다. 불효가 따로 없었다. 그렇더라도 나는 하고 싶은 공부를 마음껏 할 수 없는 현실에 굴하지 않고 졸업을 했고, 교단에 설 수 있었다. 하지만 그토록 원하던 교직을 일찌감치 접고 말았다.

나도 모르는 사이 만족할 줄 모르고 더 배우고 싶다는 욕망이 내 안에서 꿈틀거리고 있었기 때문이었다. 석사, 박사, 유학 등이 물귀신처럼 내 발목을 붙잡고 나를 끊임없이 유혹하고 있었다. 그것은 어쩌면 내 생명과도 맞바꾸어야 할지도 모르는 일이었다. 그 때문에 내 부모의 가슴에 못을 박는 일을 저지를지도 모르는 일이었다. 능력과 체력은 안 되면서 욕심으로 가득 찬 내 자신이 너무 무서웠다. 언니처럼 불효를 저지를까 봐 겁이 났다. 결국 내 분수에 맞게 평범한 여자로 살기로 했다.

어머니는 언제나 내게 "여자의 행복이란 남편의 그늘 밑이다." 하고 말씀하셨다.

"제 아무리 똑똑하고 많이 배운 여자라도 남편복과 자식복이 없으면 말짱 허사여. 그저 뭐니 뭐니 해도 여자는 남편에게 사랑받으며 자식새끼 잘 키워서 성공시키면 그것이 바로 성공한 삶이여. 내사 초등학교 문 앞에도 못 가봤지만 너거들 잘 키워 짝지어 놓았고, 셈할 줄 알고 글께나 읽을 줄 아니까 어디 가도 답답할 것 없다. 많이 배운 놈도 하루 세 끼, 나 같이 못 배운 사람도 하루 세 끼 뭐가 다르냐. 그저 몸 성한 게 효도여. 별것 없어."

어머니의 말씀을 귀에 딱지가 앉을 정도로 들어왔지만, 나는 여전히 내 자식들에게 공부하라고 매일같이 성화다. 공부는 억지로 해서 되는 게 아닌 줄 잘 알지만 나는 더 많이 배우지 못한 미련을 자식을 통하여 대리만족을 하려고 하는지도 모른다. 더구나 큰아이는 나를 닮아서 무언가에 미치면 걷잡을 수 없는 성격이다. 현기증을 느낄 정도로 파고드는 무서운 집념을 가진 아이들을 내가 또 다그치고 있는 것은 아닌지 모르겠다.

오래전에 하늘나라로 떠난 경숙 언니를 생각하며 지나친 욕심을 부리지 않도록 절제해야겠다. 겨울방학을 맞아 우리 집에 찾아온 언니가 마루 끝에 걸터앉아 멀리 팔음산八音山을 바라보던 모습이 눈에 선하다. 그날 언니는 아무 말이 없었다. 왠지 그 모습이 몹시 슬퍼보였다. 그것이 죽은 경숙 언니의 마지막 모습이었다.

가엾은 언니는 병원의 쇠창살 안에서 울부짖다가 떠났다. 이 세상에 태어나 제대로 피어보지도 못하고 그렇게 짧은 삶을 마감했다. 경숙 언니의 생명을 담보로 집 한 채가 돌아왔다. 하지만 언니를 목 놓아 부르며 뒤를 따른 큰외숙모의 빈자리를 낯선 조선족 여인이 차지하고 말았다.

결코 많이 배운 자식이 효孝를 다하는 것은 아니다. 비록 평생토록 배워야 하는 것이 우리네 삶이지만, 지식을 향한 지나친 욕심은 화를 초래할 뿐만 아니라 한 가정을 파탄에 빠뜨릴 수 있다.

■ 수필사랑 동인지 제10집 ≪수필사랑≫ 2006.(겨울)

그녀를 그리다 3

1.

낼모레 팔순을 바라보는 이모님이 계신다. 이모는 슬하에 아들 넷과 딸 하나를 두었다. 한량이었던 이모부 때문에 평생을 허리 한번 제대로 펴보지 못하고 살아온 이모다. 오직 자식들만 바라보고 식당일을 하며 살아온 이모의 손톱이 독한 주방세제로 까맣게 죽어갈 즈음 원수 같은 남편이 죽었다. 이제는 한숨 좀 돌리나 보다 싶었는데 별안간 셋째 아들과 맏아들이 차례로 이혼을 했다. 셋째는 아내가 바람이 나서 걸핏하면 집을 나가는 것이 이유였고, 맏아들은 젊은 여자와 살림을 차린 것이 이혼의 사유가 되었다.

장거리 화물트럭 기사인 셋째 아들은 남자 혼자서는 어린 딸 셋을 키울 수가 없어서 아내에게 모두 양보했다. 월급쟁이인 맏아들 역시 지은 죄 때문에 무일푼으로 쫓겨나고 말았다.

한 집안에서 두 형제가 너무도 쉽게 이혼하는 것을 보고 세상 참 많이 바뀌었다는 생각이 든다. 예전 같았으면 '쉬-쉬-' 하고 덮어두려고 했을 것이다. 여자이기 때문에 무작정 참고 살던 이모의 시대는 그랬다. 그러나 요즘은 이혼을 하고도 모두 당당하게 살아간다. 어쩌면 무작정 참고 살아야 할 만큼 서로에게 가치 있는 존재가 아니었던가 보다. 애당초 만나지 말아야 할 사람들이 어긋난 인연으로 잠시 만났다가 서로에게 상처를 남기고 떠나는 것 같아 마음이 편치 않다. 더구나 셋째는 내가 가장 좋아하는 오빠였기에 더욱 그러하다.

부부가 아옹다옹 싸우면서 살다 보면 이혼하고 싶은 생각이 왜 없겠는가. 그러나 하고 싶다고 모두 이혼한다면 이 세상에 남겨지는 자녀들의 고통과 외로움을 무엇으로 어떻게 보상을 할 수 있으랴. 무조건 참고 사는 것이 미덕인 세상은 아니지만, 최소한 나로 인하여 자식들이 고통 받고 외로우면 아니 될 것이다. 사랑과 희망 대신 고통과 고독을 안겨준다면 부모의 도리가 아니라고 생각한다.

하지만 요즘 인심은 그렇지도 않은 것 같아 세상이 변해도 한참 변했다는 것을 실감하지 않을 수 없다. 부부가 불화하면 자식이 외로운 법인데, 너무 쉽게 헤어지고 있는 것은 아닌지 나를 돌아보게 된다.

2.

우리 동네에 쌀집이 있다. 쌀집 아저씨는 슬하에 두 딸을 두었고, 모두 출가했다. 그런데 어느 날부터인가 작은 딸이 쌀집에서 어른거리고 있다. 시집 간 딸이 친정에 잠시 다니러 온 모양이다. 하지만 하루가 지나고 이틀, 사흘, 나흘이 지나도록 계속 머문 상태이어서 나는 궁금증이 발동했다.

며칠이 지나고 정보가 들어왔다. 어머니께서 쌀집 아주머니와 친분이 있다 보니 쌀을 사러 가서 그 집 딸에 대하여 자초지종을 듣고 오셨다. 나는 그녀가 이혼을 하기 직전이라는 사실을 알게 되었다. 그녀는 집을 나올 때 자식을 두고 온 것을 후회하고 있었다.

그녀가 이혼을 결심하게 된 배경은 이러하다. 그녀의 남편은 극도의 결벽증 환자이다. 그가 퇴근을 하고 현관을 들어서면서부터 잔소리가 시작된다. 손가락으로 창틀과 식탁 위를 쭉 훑어보고 먼지의 유무를 살핀다. 마음에 들지 않으면 불만을 늘어놓는다. 또, 냉장고를 열어보고 정리정돈이 되어 있지 않거나 불결하다 생각되면 여지없이 육두문자를 아내에게 쏘아댄다. 어디 그뿐인가, 커피의 양이 얼마나 줄었는지 눈금을 그어 놓고 날마다 확인을 한다.

세상 어떤 여자가 남편의 시시콜콜한 잔소리를 매일같이 듣고 참을 수 있다는 말인가. 그녀는 끝내 참지 못하고 결국 남편의 얼굴에다 침을 뱉었다. '더러운 인간!'

그길로 그녀는 친정으로 달려왔다. 그런데 가장 큰 실수는 아이를 데려오지 않은 것이었다. 그녀는 뒤늦게 자신의 경솔함을 깨닫고 쌀집이 떠나가도록 통곡했다. 어린 자식이 눈에 밟혀 하루도 마음 편하게 있지를 못하고 있다. 벌써 시댁에서 아이를 데려갔으니 어쩔 것인가. 궁여지책으로 그녀의 친정아버지가 사돈을 찾아가서 어린 것을 데려오려고 했으나 문전박대 당하고 빈손으로 돌아오고 말았다. 이렇게 억울한 일이 또 있을까.

한때 나는 결벽증 환자처럼 살았던 시절이 있었다. 그러나 남편을 만나 부딪치면서 살아오는 동안 그 증상이 사라졌고 지금은 적당히 어질러 놓고 살아간다. 지나치게 깔끔하여도 복福이 나간다고 했다. 부부란 더 나은 반쪽Better-Half이 모자라는 반쪽을 사랑하고 포용해야만 살아갈 수 있지 않을까 생각한다.

3.

대문 앞에서 그녀를 만났다. 나는 흠칫 놀랐다. 그녀의 행동반경이 이곳까지 미칠 줄 몰랐다. 하기야 두 다리가 멀쩡한 그녀가 어딘들 못 갈 것인가. 나는 그녀를 만날 때마다 '여자의 일생이란 무엇인가?' 하는 생각으로 멜랑콜리에 빠지곤 한다. 한때 나는 우울증에 걸려 죽고 싶은 생각을 가진 적이 있다. 그러나 가족들의 사랑으로 무사히 터널을 벗어나 활달하게 살고 있다.

그녀는 길 건너 큰 도로변에 있는 문방구 아저씨의 아내이다. 그녀는 날마다 거리를 활보하고 다닌다. 지나가는 사람들이 그녀를 바라보며 의아하게 생각하는 것은 당연하다. 그녀의 맑은 정신이 나간 지 오래되었다. 그녀는 여자로서 차마 입에 담지 못할 음담패설을 쏟아내며 한 손으로는 그녀의 은밀한 곳을 가리고 다닌다. 내가 처음 그녀를 본 것은 그녀의 집 근처 도로변에서였다. 지나가는 남정네들만 보면 "오! 그래, 너무 좋아. 황홀해." 하고 말하다가 어느 순간에 불쑥 "야, 이놈들아! @%$#*!&%#……." 하고 알아들을 수 없는 욕설을 퍼부어 댄다. 같은 여자로서 낯 뜨거워 도저히 그곳에 있을 수 없는 경우가 여러 번 있었다.

한번은 그녀를 네거리에서 만났다. 신발을 벗어던진 채 위험한 차도에서 두리번거리며 욕설을 퍼부었다. 오늘은 또 무슨 심사가 뒤틀린 것인지 벗은 신발을 집어 들고 땅에 패대기를 치는 것이었다. 줄곧 그러고 있는 그녀를 안타깝게 바라볼 수밖에 없었다. 그녀를 그렇게 만든 것은 그녀의 남편이다. 문방구 아저씨가 바람을 피운 것을 알고 난 뒤 충격으로 그녀는 옳은 정신을 가질 수 없게 되었다. 아무데서나 아랫도리를 벗는 남정네들 때문에 이 땅에서 울고 있는 여인은 얼마나 될까. 물론 남자 혼자서 그렇게 하지는 못한다. 맞장구치는 여자가 있기 때문에 가능한 것이다.

엄청난 충격에도 끄떡하지 않고 맨 정신을 가지는 여자는 과연 독한 여자일까. 정신을 놓는 것은 아무래도 어리석은 짓 같다. 세상이 변했으니 차라리 맞불작전으로 밀어붙이는 것이 나을 것 같다. 아니면 악착같이 살아남아서 끝을 보아야 하지 않을까.

그녀가 아랫도리를 내려놓고 알몸으로 흔드는 것을 보니 정신이 다시 나간 모양이다. 차마 쳐다보기가 민망스럽지만 그것이 어디 그 여인 혼자만의 슬픔이랴. 이 땅에 살고 있는 치마를 두른 여인들의 한이 아닐까 싶다. 뻔뻔스럽게도 그녀의 남편은 그곳에서 수십 년째 문방구를 운영하고 있다. 그녀의 그런 행동을 지켜보며 살아야 하는 남편의 속은 어떨까 몹시 궁금하다.

4.

그녀는 마침내 맞불을 놓았다. 나는 속이 후련했다. 그녀는 오랫동안 남편 때문에 속을 끓이고 있었다. 그녀의 남편은 백화점의 양복코너에서 일을 하던 중 젊은 점원과 눈이 맞았다. 남편이 날마다 점원과 만나서 놀아나는 동안, 아이를 키우느라 아무것도 몰랐던 그녀는 언제부터인가 이상한 낌새를 맡았다. 남편이 속옷을 자주 사오며 외모에 무척 신경을 쓰는 것을 보고 예감이 좋지 않다고 느꼈다. 그래도 남편인데 믿고 싶었다. 하지만 배신자는 늘 곁에 있는 법이다.

믿고 또 믿었던 남편이 긁어댄 카드 빚은 엄청났다. 두 사람은 매일같이 싸웠고 결국 시부모의 귀에 그 사실이 들어갔다. 시어머니란 사람이 찾아와서는 대성통곡을 하면서 "야, 이놈아. 내가 너거 아부지 때문에 얼마나 속을 썩고 살았는데, 차라리 약 먹고 죽어뿌라." 하고 야단법석이었다. 얼마나 속이 상했으면 며느리를 붙잡고 "아가, 미안하다. 할말이 없다. 저 놈이 잘 때 약이라도 먹이뿌라." 했다. 화가 나면 무슨 말인들 못할까마는 그것은 옳은 처사가 아니다. 며느리를 살인자로 만들 작정이 아니라면 말이다. 결국 시어머니가 아들이 진 빚을 갚아 주었지만, 그녀의 고민은 정작 그때부터 시작되었다.

불량사원으로 찍혀 백화점에서 쫓겨난 남편 때문에 살아갈 일이 막막했다. 한동안 그녀는 넋을 잃고 살아갈 힘을 잃었다. 그런데 다행히 시부모와 친정부모가 몰래 도와주었기에 그나마 견딜 수 있었다. 생활고는 참을 수 있다 하나 남편의 배신만은 용서할 수가 없어 괴로운 시간을 여러 달 동안 보냈다. 우리는 그들 부부를 지켜보면서 아무런 힘이 되어 주지 못해 미안했다. 다만, 아이들을 데리고 부부동반으로 자주 야외로 나가서 바람을 쐬곤 하였다.

세월이 약이었던지 차츰 안정이 되어가는 듯했다. 그런데 점원이 뻔뻔스럽게도 찾아와서는 "마지막으로 한 번만 자게 해주세요.

그럼, 다시는 안 만날게요." 하고 말하자 그녀는 믿고 승낙을 했다. 나 같으면 과연 그렇게 할 수 있었을까. 참으로 대담한 그녀, 그러나 그녀는 남편에 대한 복수심이었는지 아니면 진심이었는지 모르겠으나 새로 시작한 직장생활에서 동료와 바람을 피웠다. 바보같이 들키지나 말 것이지. 어설프게 바람을 피우다 그만 들키고 말았다.

그녀가 남편에게 두들겨 맞던 날 밤, 우리는 그들 부부를 말리느라 얼마나 진을 뺐는지 모르겠다. 달리 위로할 말도 없었다. 다만, "이제 서로 쌤쌤했으니 됐네. 그만 모든 것을 잊어." 그 후로 지금껏 그들 부부는 아무 탈 없이 둘 다 직장생활을 하면서 열심히 돈 버는 데 전력을 쏟고 있다.

왜냐하면, 고물차를 버리고 대출받아 승용차를 새로 바꾸었고, 집도 서른 평짜리를 장만했기 때문이다. 그들은 부지런히 돈을 벌어야 하고 또 그 빚을 갚아야 하기에 딴 데 눈을 돌릴 겨를이 없다. 또 남편은 주야로 교대근무 하기에 별로 싸울 일도 없는 것이다. 서로 피곤해서 누우면 그대로 잠드는 그들에게는 더 이상 싸울 시간도 없는 것이다. 맞불작전이 성공한 경우라 볼 수 있겠다.

우리 부부는 그것을 분명히 기억하고 있다.

■ 계간 《詩書畵》 2007. 여름(4호)

그녀를 그리다 4

미꾸라지가 밤 사이에 죽었다. 우리 가족이 모두 잠든 사이, 좁은 어항 속이 싫다고 한밤중에 뛰쳐나왔다가 바싹 말라 죽었다. 어항 뚜껑을 단단히 닫아 두었건만 먹이 구멍으로 탈출을 하였고, 비참한 최후를 맞이하였다.

죽은 녀석을 생각하면 큰이모집의 작은 언니가 떠오른다. 얼굴이 꽤나 반반한 그녀는 아들과 딸을 낳고 형부하고 사이좋게 사는 것 같았다. 형부는 농기계를 수리하는 기술자이다. 심성이 착하고 성실하며 건강하다. 어렸을 적에 마마를 앓아서 곰보얼굴이 흠이라면 흠이다. 그녀는 언제나 형부의 얼굴에 대하여 못마땅하게 생각했고, 자신의 용모를 다듬는 일에만 관심을 가졌다. 어떻게 하면 예쁘게 보일까 궁리하면서 멋을 부리고 치장하는 것만 좋아했다.

초등학교 시절, 이웃마을에 살던 그녀의 집에 가끔 다니러 간

적이 있다. 집안은 엉망으로 어질러져 있었고 밥은 언제 해먹었는지 부엌에는 온기가 없었다. 비키니 옷장을 열었더니 생쥐가 뛰쳐나와 놀라기도 했다. 여자로서 아니, 아내로서, 자식을 둔 엄마로서 책임과 의무를 다하지 않는 것 같았다.

아니나 다를까 내가 결혼할 즈음에 형부를 버리고 젊은 남자와 눈이 맞아 도망을 갔다. "저런, 아이들이 불쌍해서 어쩌나." 동네 사람들 모두 그녀를 원망했다. 한 번 집을 나간 그녀는 돌아올 줄 몰랐다. 형부는 그녀를 기다리고 또 기다렸다. 큰이모는 그녀의 행방에 대해서 간간히 전해 듣고 있었다.

젊은 남자와 동거하면서 트럭에서 옷 장사를 한다는 것이었다. 젊고 반반한 놈하고 사니까 마냥 좋은 것처럼 보였지만, 실상은 그렇지가 않았다. 하루 벌어 하루 먹고 사는 삶이 만족스러울 턱이 없었다. 오직 자신의 외모를 꾸미기에 여념이 없는 그녀는 풍족하지 못한 삶에 대하여 회의를 느끼게 되었고 결국 그 남자와 헤어졌다.

다시 돈 좀 있는 남자를 하나 골라 살게 되었는데, 아 글쎄 노루를 피하면 범을 만난다고 하지 않던가. 새 남자와 살면서 노상 두들겨 맞는 것이 아닌가 말이다.

조강지처를 버린 남자가 천벌을 받듯 그녀가 바로 그 꼴이 아니겠는가. 밉든 곱든 첫 남편 첫 부인이 최고라던데. 처녀총각으로 처음 만나 마음을 주고 자식을 낳고 살아온 그 정情만 할까. 어리석게도 새로운 세상을 찾아 어항을 뛰쳐나간 미꾸라지 같은 꼴이 되어버린 그녀는 구정물 같은 삶에서 벗어나고자 또다시 도망을 쳤다. 형부에게로 되돌아갈 염치와 용기가 없어 떠돌고 있는 실정이다. 그저 못나고 바보 같은 그녀가 불쌍하고 측은할 따름이다.

사람이 주어진 환경과 제 분수를 알아야 하고, 자신에게 주어진 복을 감사하게 생각해야 할 것이다. 작은 행복을 소중하게 생각하지 않고 더 큰 욕망을 탐하면 결국 파경만이 있을 뿐이다. 우리 인간의 잠재의식 속에는 궤도이탈의 욕망이 존재하는 것 같다. 잘못된 욕망은 반드시 가혹한 대가를 치르게 된다.

헛된 망상에 사로잡힌 사람은 현실을 직시하지 못하고 '꿈같은 사랑' 혹은 '신데렐라 신드롬'에 쉽게 현혹된다. 우리네 삶과 사랑은 선반 위의 계란과 같아서 깨지기 쉬운 것이기에 소중하게 다루어야 한다. 시절이 시절인 만큼 '손에 든 지폐와 품안의 여자는 신기루와 같다.'는 말이 피부에 따갑게 와 닿는다.

가엾은 그녀의 육체와 영혼에 평화가 있기를 소망한다.

■ 계간 ≪수필세계≫ 2007. 가을(14)

독수리 꿈

부여의 왕 '금와'는 '유화' 부인과 함께 산꼭대기로 올라간다. 그들은 죽은 '해모수'의 시신을 그곳 바위 위에 안치하고 몹시 슬퍼하며 울부짖는다. 해모수의 정인情人이었던 유화 부인은 오열을 하다가 끝내 실신을 한다. 사랑하는 사람을 잃은 슬픔을 차마 감당하기 힘들었을 것이다. 금와왕은 해모수의 유언대로 독수리의 밥이 되게 시신을 그곳에 그대로 둔다.

해모수 장군은 자신의 육신이 독수리의 먹이가 되어 정녕 독수리와 한몸이 되고 싶어 했다. 그리하여 독수리의 눈과 마음으로 하늘을 날며 잃어버린 고조선의 옛땅을 바라보고자 염원했던 것이다. 해모수는 정말로 자신의 소원을 이루었을까.

사람은 누구나 반드시 한 번 죽는다. 죽은 사람의 시신을 생전의 소원대로 거두는 것은 남은 자의 몫이다. 그 방법은 각양각색이다. 생전에 화장火葬을 원하는 사람이 있는가 하면, 수장水葬, 토장土葬을 원하기도 한다. 이즈음에는 수목장樹木葬으로 치르기를 원하는 사람이 늘고 있다. 드라마 '주몽'에서 해모수의 소원은 진정 나의 주목을 끌기에 충분했다. 과연 용맹한 '다물군'의 장군답다는 생각이 들었다. 소인배와는 달리 참으로 훌륭한 생각이라 여겼다.

겁이 많은 나는 어렸을 적부터 죽는다는 것에 대하여 굉장히 두려움을 가졌었다. 물론, 중년이 된 지금도 죽음이라는 것은 생각조차 하기 싫지만, 그렇다고 자연의 순리를 거부할 뜻은 없다. 언젠가는 나도 한 줌의 흙이 되어 자연으로 돌아가야 한다는 지극히 당연한 진리를 알고 있기 때문이다. 죽음이란 언제나 두려운 법이다. 하지만 스스로 목숨을 끊는 사람은 아마도 그 순간만큼은 무서움을 초월한 사람이 아닐까 싶다.

친정아버지는 어느덧 칠순을 바라보고 있는데, 환갑을 넘은 후부터 죽음에 대하여 입버릇처럼 말한다. 명절이나 생일 등 큰일을 맞아 우리 4남매가 모이는 날이면, 어김없이 당신의 죽음에 대하여 언급한다. 그때마다 서글픈 생각이 든다.

"너희들은 장차 내가 죽거든 화장을 해라. 그런 다음 내 뼛가루를 콩알만 하게 환丸으로 빚어라. 그리고 산으로 가서 꿩 따위의 새들이 먹도록 뿌려라."

우리 형제들은 내심 섬뜩함을 느꼈다. '슬픔'과 '애통'을 떠올리기 이전에 먼저 '두려움'과 '사라짐'을 생각했다. 우리가 상상조차 할 수 없는 경지에 올라 계신 아버지의 소원을 생각하며 왜 그렇게 하고 싶으냐고 여쭈었다.

"내 산소를 쓰면 너희들이 해마다 벌초하느라 힘들지 않겠느냐. 그리고 대代가 넘어갈수록 내 무덤도 잊혀질 것 아니더냐. 그럴 바엔 애당초 쓰지 않는 것이 좋을 듯싶구나."

부모는 자식에게 조금이라도 짐이 되길 원하지 않는다. 아버지는 해마다 두 남동생을 데리고 벌초를 하러 고향에 간다. 이 산 저 산 우거진 숲 속을 헤매며 조상들의 묘를 찾아다니느라 비지땀을 흘린다. 당신께서 그렇게 고생을 하고 있기 때문에 자식들에게 만큼은 그러한 노역勞役에 시달리지 않길 바라는 것이리라. 하지만 나는 그 말씀이 왠지 서럽게 들렸다. 아버지가 보고 싶으면 어디를 가야 한단 말인가. 날아가는 새들을 바라보며 아버지라고 생각하라는 뜻인가. 아니, 아버지의 뜻은 진정 그것이 아닐 것이다.

나는 안다. 아버지의 가슴 속에 맺힌 한이 무엇인가. 당신께서는 아홉 살 때 할아버지를 여의고 홀로 남겨진 할머니와 함께 가난한 살림을 꾸려가며 하나뿐인 남동생의 학비를 뒷바라지하기 위해 자신의 삶을 희생했다. 초등학교 졸업이 아버지의 학벌이다. 삼촌은 아버지의 공으로 고등학교를 졸업했다. 아버지인들 왜 많이 배우고 싶지 않았을까. 그러나 아버지는 누구보다 삼촌을 아끼고 사랑했고, 삼촌 역시 내 아버지를 '아버지'처럼 따랐다. 아버지는 속으로 얼마나 많은 눈물을 흘리셨을까. 생각하면 가슴이 아리다. 당신께서는 독수리처럼 보다 넓은 세계에서 더 높이 날고 싶었을 것이다. 햇살이 비치는 파란 수면 위로 힘찬 날갯짓과 함께 솟아오르는 꿈을 꾸었지만, 현실은 아버지의 발목을 잡고 놓지 않았다. 큰 뜻을 펼치지 못하고 살아온 삶을, 가슴에 맺힌 한恨 많은 삶을 죽어서나마 풀고 싶은 것일까.

당신께서는 매일 밤 푸른 하늘을 비상하는 독수리 꿈을 꾸고 계신 것일까. 아마 그럴 것이다. 최근에 유달리 꿈을 많이 꾼다고 한다. 요즘 들어 부쩍 노쇠老衰한 모습에 눈물이 나려고 한다. '아버지! 사랑합니다. 오래도록 저희 곁에 계세요.' 마음속으로 애원하며 효도 한 번 제대로 하지 못하는 딸자식은 속으로 이렇게 가슴을 졸인다. 아버지의 유언 아닌 유언을 어떻게 받아들여야 할까. 가족이란 서로를 온전히 이해할 순 없어도 온전히 사랑할 수는 있다고 했다. 진정 아버지의 소원을 받들어야 하는 것인가.

세상의 모든 아름다움도 종국에는 끝이 있게 마련이다. 나는 먼 훗날 내 자식들에게 무어라고 유언을 할 것인가. 사실 진지하게 생각해 본 적이 없지만, 나 역시도 아버지와 다르지 않다고 생각한다. 좀 더 멀리 그리고 높이 날아오르고 싶은 욕망이 가슴 속에서 꿈틀거린다. 휴식의 정적을 깨뜨리고 비상飛上하는 날짐승은 얼마나 아름다운가. 드높은 비상飛翔을 꿈꾸는 무리여, 그대들이야말로 위대한 신화의 주인공이 아니겠는가.

나도 죽어서 독수리가 되어 온 누리를 내려다보고 싶다. 내 자식들이 어떻게 생각할지 모르겠지만…….

■ 대구수필가협회 연간집 ≪대구의 수필≫ 2007. 제3호